Libro de cocina rico en proteínas a base de plantas

Un libro de cocina vegano completo con recetas rápidas y fáciles de alto contenido de proteínas para culturistas

Por

Joshua King

Copyright 2021 by - Todos los derechos reservados.

Este documento está orientado a proporcionar información exacta y fiable en relación con el tema y la cuestión tratados. La publicación se vende con la idea de que el editor no está obligado a prestar servicios de contabilidad, oficialmente permitidos, o de otra manera, calificados. En caso de ser necesario un asesoramiento, legal o profesional, se debe solicitar a una persona con experiencia en la profesión.

- De una Declaración de Principios que fue aceptada y aprobada por igual por un Comité de la American Bar Association y un Comité de Editores y Asociaciones.

En ningún caso es legal la reproducción, duplicación o transmisión de cualquier parte de este documento, ya sea por medios electrónicos o en formato impreso. La grabación de esta publicación está estrictamente prohibida y no se permite el almacenamiento de este documento a menos que se cuente con la autorización por escrito del editor. Todos los derechos reservados.

La información proporcionada en este documento se declara veraz y coherente, por lo que cualquier responsabilidad, en términos de falta de atención o de otro tipo, por cualquier uso o abuso de cualquier política, proceso o instrucciones contenidas en el mismo, es responsabilidad única y absoluta del lector receptor. Bajo ninguna circunstancia se podrá responsabilizar o culpar al editor por cualquier reparación, daño o pérdida monetaria debida a la información aquí contenida, ya sea directa o indirectamente.

Los autores respectivos son propietarios de todos los derechos de autor que no están en manos del editor.

La información contenida en este documento se ofrece únicamente con fines informativos, y es universal como tal. La presentación de la información es sin contrato ni ningún tipo de garantía.

Las marcas comerciales que se utilizan son sin ningún tipo de consentimiento, y la publicación de la marca comercial es sin el permiso o el respaldo del propietario de la marca. Todas las marcas registradas y marcas dentro de este libro son sólo para fines de aclaración y son la propiedad de los propios propietarios, no afiliados a este documento.

Table of Contents

INTRODUCCIÓN 9

LO BÁSICO DE LA DIETA BASADA EN PLANTAS 12

DE QUÉ SE TRATA EL VEGANISMO 14

PRINCIPIOS DE LA DIETA DE CULTURISMO 16

GANANCIA DE MÚSCULO Y VEGANISMO 22

    Beneficios potenciales de la dieta vegana de culturismo 23

DIETA VEGETAL PARA LA SALUD 25

RECETAS DIARIAS RICAS EN PROTEÍNAS 27

    Aguacates rellenos 27

    Boniatos rellenos 28

Coliflor con guisantes	30
Hamburguesas con salsa de champiñones	32
Pan de arroz y lentejas	35
Garbanzos con acelgas	37
Frijoles negros picantes	39
Sopa de judías mixtas	40
Guiso de cebada y lentejas	42

RECETAS DE DESAYUNOS Y BATIDOS 45

Muffin de zanahorias y pasas	45
Tacos veganos fáciles	46
Gachas de avena y maca en polvo	47
Tortitas saladas de patata y cúrcuma	48
Carne Vegana	49
Spread Edamame agrio	51
Tortilla de tofu de resistencia	51
Batido de quark vegano Superelan	52
Pan de desayuno de boniato y naranja	53
El poder del batido de plátano y soja	55
Pan vegano de perejil y almendras	56
Sloppy Joe vegano con tofu	57
Batido gigante superverde vegano	58
Tostadas dulces veganas	59
Bebida proteica de espinacas y arándanos	61
Batido de café Pick Me Up	61
Batido vegano de fresa	62

RECETAS PARA EL ALMUERZO 68

Increíble plato de patatas	68
Delicia de batatas y lentejas con textura	69
Pizza increíblemente sabrosa	70
Sopa de alubias ricas	73
Deliciosas alubias al horno	73
Lentejas indias	75
Deliciosa sopa de calabaza	76
Increíble guiso de setas	78
Plato sencillo de tofu	79
Especial Jambalaya	80

- Deliciosa sopa de acelgas 82
- Tofu chino y verduras 83
- Maravillosa sopa de maíz 85
- Guiso de guisantes negros 87
- Cassoulet de judías blancas 88
- Plato ligero de jaca 90
- Curry vegetariano 91

HAMBURGUESAS Y BOCADILLOS 94

- Sándwich de garbanzos picantes 94
- Sándwich de tofu picante al horno 95
- Hamburguesas de lentejas 98
- Dulce hamburguesa hawaiana 99
- Hamburguesas de tofu y vegetales 101
- Hamburguesas de trigo sarraceno 103

RECETAS PARA LA CENA 107

- Tofu al curry verde 107
- Guiso proteico de cacahuetes africano 109
- Ensalada tailandesa de fideos de calabacín 111
- Estofado de guisantes y coliflor 112
- Chili de judías negras y calabaza 114
- Sopa de Tofu Matcha 116
- Sopa de boniato y tomate 118
- Sándwich de tofu picante al horno 120
- Salteado de verduras 122
- Sopa cremosa de tomate y lentejas 124
- Chili Carne 125
- Guiso de lentejas mexicano 127
- Pastel de carne con lentejas 129
- Sopa de judías negras 131
- Pasta con setas 133
- Pasta Alfredo al limón 134

POSTRES Y APERITIVOS 137

- Barras de pan de plátano y nueces 137
- Rollos de limón, coco y cilantro 138
- Almendras al tamari 139

- Bocados de tacos de tempeh 140
- Croustades de setas 142
- Tomates cherry rellenos 143
- Dip picante de judías negras 144
- Hojas de pasta de cebolla francesa 145
- Tostadas de anacardos y pimientos rojos asados con queso 146
- Patatas fritas al horno 148
- Champiñones rellenos de espinacas y nueces 149
- Salsa Fresca 151
- Pinwheels de humus de verduras 153
- Rollos de lechuga asiáticos 153
- Bolas de fuego de pinto-pecano 154

RECETAS PARA ANTES DEL ENTRENAMIENTO 157

- Chili vegano 157
- Tazones de comida de boniato 159
- Tazones de setas marinadas con arroz salvaje y lentejas 160
- Tazón de granos Chirashi 163
- Wraps de tofu con champiñones y espinacas 164
- Hamburguesas de setas y nueces 165
- Tempeh vegano saludable 167
- Pesto de brócoli con pasta y tomates cherry 170
- Carne sin carne de Mongolia 171
- Sopa de lentejas mexicana 174

RECETAS PARA DESPUÉS DEL ENTRENAMIENTO 177

- Tazón de proteínas de farro 177
- Tofu Teriyaki con Quinoa 178
- Tazón de Buda 180
- Tofu chino y brócoli 183
- Tempeh de mantequilla de cacahuete con arroz 184
- Ensalada de soja y lentejas de Puy 186
- Salteado de tofu y verduras con anacardos 188
- Tofu con costra de especias y ensalada 189
- Germinados con judías verdes y nueces 190
- Tofu con fideos 191
- Salteado de judías negras y seitán 193

CONCLUSIÓN: 196

Introducción

¿Qué significa ser atleta, culturista o cualquier otro profesional del deporte? Se trata de hacer de tu estilo de vida activo el centro de tu carrera. Se trata de esforzarse más y más. Se trata de redefinir tus límites. En resumen, tu éxito depende de cómo cocinas, qué comes, cómo entrenas y todo lo demás. Comprende que lo que eres se define por lo que haces. Los deportistas tienen el mismo número de horas al día que los demás.

Sin embargo, eso no es suficiente. Tienen que aprovechar al máximo cada minuto para mantenerse en la cima del juego. Hay que sacar tiempo para hacer tres comidas al día y tomar un tentempié antes y después del entrenamiento. Hay que hacer ejercicio para mantenerse en forma y controlar el peso. Hay horas de entrenamiento. Algunos partidos conducen a competiciones, torneos y campeonatos.

Necesitarás tiempo para que tus músculos se recuperen. Y lo que es más importante, necesitarás una buena noche de sueño. Esto es esencial para la salud general y el bienestar.

¿Cómo puede un entusiasta del fitness compaginarlo todo? Necesitará autodisciplina. Necesitará trabajar duro. Pero, ¿qué tiene que ver eso con la dieta?

Hay un dicho que dice: "Somos lo que comemos". Eso significa que una nutrición adecuada es crucial para ser un buen atleta. ¿Qué alimentos hacen a los individuos más fuertes y sanos? Las dietas basadas en plantas pueden proporcionar a un profesional del deporte todas las proteínas, carbohidratos y grasas monosaturadas que necesita para alcanzar su máximo potencial. Esto se debe a que las frutas y verduras, las legumbres, los frutos secos y las semillas son ricos en nutrientes, vitaminas, minerales y aminoácidos. Cada vez son más los atletas que adoptan el veganismo y llevan su mejor vida. Esto se debe a que, después de comer proteínas que provienen de plantas, los profesionales del deporte dicen que se sienten con más energía y más sanos emocional, física y mentalmente. Leeremos más sobre esto más adelante.

Este libro hace algo más que promover un estilo de vida vegano. También le guiará en la elección de alimentos más saludables. Las recetas a base de plantas que se presentan aquí son ricas en proteínas. Tienen un gran sabor y le harán sentirse lleno. Además, aprenderá por qué es esencial hacer tres comidas al día y cuál es el mejor momento para hacerlas. Las recetas también proporcionan información sobre algunos de sus ingredientes principales. Esto se debe a que es bueno saber lo que estamos metiendo en nuestro cuerpo. Esperamos que, con esta información adicional, esté seguro de que una dieta basada en plantas garantizará una funcionalidad óptima para su cuerpo y su cerebro.

Las personas que hacen dieta y las que intentan perder peso no son las únicas que se ven afectadas por un nuevo tipo de dieta que llega cada año. Con tantas sugerencias como bajo en grasas, bajo en carbohidratos, sin gluten, etc., no puedes decidir si necesitas centrarte sólo en las proteínas o en un plan de dieta completamente nuevo.

Entiendo tu problema; yo estuve en tu lugar una vez. Como siempre estaba cambiando mi dieta, era difícil obtener resultados duraderos. Pasaban meses antes de que pudiera ver cómo se formaban nuevos músculos. El problema era que mi cuerpo se confundía y no sabía cómo configurarse para tomar los nutrientes y proteínas esenciales que necesitaba para mantenerse sano y seguir construyendo músculos.

Lo básico de la dieta basada en plantas

Una dieta basada en plantas es ampliamente conocida por sus evidentes ventajas para la salud, y ha sido probada por personas de todos los ámbitos. Al ser una dieta sin carne ni productos lácteos, hay quienes asumen que es una dieta baja en proteínas, y ahí es donde la mayoría se equivoca. Una dieta basada en plantas puede ser una dieta alta en proteínas cuando se consume con el enfoque y la comprensión adecuados. Esta conciencia es importante para las personas que construyen sus músculos o que se dedican a actividades deportivas, ya que son las que más necesitan las proteínas para el fortalecimiento de sus músculos. En este libro de cocina, no sólo hablaremos de la dieta basada en plantas, sino que está escrito con el propósito de proporcionar una dieta alta en proteínas a los culturistas y atletas veganos. Hay varias fuentes de origen vegetal que pueden combinarse con algunos suplementos de origen vegetal para satisfacer las necesidades diarias de proteínas de una persona.

Para empezar, vamos a tener una visión clara de la dieta basada en plantas. Esta dieta, aunque muy popular, se confunde a menudo con una dieta vegetariana. El concepto es evitar todos los productos alimenticios de origen animal y depender completamente de los productos vegetales. Las razones pueden variar según cada persona. Algunos pueden optar por una dieta basada en plantas por sus beneficios para la salud; otros pueden querer adoptarla para salvar a los animales, mientras que otros pocos pueden hacerlo por ambas razones.

¿Qué constituye una dieta basada en plantas? Por alimentos de origen vegetal entendemos toda la variedad de verduras, frutas, cereales, legumbres, lentejas, aceites vegetales, semillas, frutos secos, leche vegetal, harinas de cereales y quesos y leche veganos. Estos productos -o los alimentos preparados exclusivamente con ellos- se denominan veganos o de origen vegetal. En esta lista, encontramos que ni un solo ingrediente es puramente proteico. Aunque la proteína está presente en gran medida en la mayoría de los productos de origen vegetal, también se combina con otros macro y micronutrientes. Para los atletas y culturistas, la preocupación es cómo consumir estos productos equilibrando la proporción de estos nutrientes en beneficio de su desarrollo muscular. Y esa preocupación nos lleva a la dieta vegana de culturismo basada en plantas.

De qué se trata el veganismo

Mucha gente lo está haciendo; muchos individuos están hablando de ello, sin embargo, todavía hay mucha confusión acerca de lo que implica un plan de dieta integral basada en plantas. Desde que dividimos los alimentos en sus macronutrientes: grasas, proteínas y carbohidratos; muchos de nosotros nos confundimos sobre cómo comer.

Los alimentos integrales son alimentos no procesados que provienen de la tierra. Ahora bien, en una dieta de alimentos integrales basada en plantas consumimos algunos alimentos mínimamente procesados, como el pan integral, la pasta integral, el tofu, la leche no láctea y algunos frutos secos y mantequilla de semillas de las distintas categorías: Granos enteros Legumbres (generalmente lentejas y frijoles).

Frutas y verduras Frutos secos y semillas (incluida la mantequilla de frutos secos) Hierbas y especias Todas las clasificaciones mencionadas anteriormente conforman la totalidad de la dieta basada en plantas. Mientras comas alimentos como estos con regularidad, puedes olvidarte de los carbohidratos, las proteínas y las grasas de forma permanente.

Bueno, el atractivo de un plan de dieta basada en alimentos integrales de origen vegetal es que si no te gusta un alimento en particular, como en este caso, la soja, entonces no tienes que consumirlo. No es un elemento esencial en una dieta basada en plantas de alimentos enteros en lugar de la avena, la quinua en lugar del trigo; estoy seguro de que ahora captas la idea. No importa. Simplemente descubra algo que se adapte a usted.

Incluso si ha decidido adoptar un plan de dieta basado en plantas, esto no indica que sea un plan de dieta saludable. Las dietas basadas en plantas tienen su parte justa de chatarra y otros alimentos poco saludables; caso y punto, la ingesta rutinaria de pizzas vegetales y helados no lácteos. Mantenerse saludable requiere que usted coma alimentos saludables - incluso dentro de un plan de dieta basada en plantas.

Qué hay que tener en cuenta al adoptar este estilo de vida

Para muchas personas que desean adoptar una alimentación basada en plantas, las proteínas son siempre una preocupación importante. Los medios de comunicación dominantes, respaldados por los grandes fabricantes de carne, perpetúan la idea de que las proteínas sólo se encuentran en la carne. Pues bien, eso no es cierto. Los alimentos básicos como las nueces, los frijoles, la avena y el arroz salvaje incluyen una gran cantidad de proteínas.

El hecho es que alimentos como la col rizada, el brócoli y las almendras incluyen mucho calcio. Sin duda, proviene de las verduras que se comen.

El principal problema para muchos seguidores del plan de dieta basada en plantas es normalmente la vitamina B12. B12, para todos, se encuentra normalmente en los productos reforzados, en particular los cereales y la leche a base de plantas.

Puedes adoptar un estilo de vida saludable basado en las plantas si basas tu dieta en alimentos preparados y crudos llenos de verduras de hoja y color. Éstos proporcionarán a tu cuerpo los minerales, vitaminas y antioxidantes que necesita.

Principios de la dieta de culturismo

El culturismo se clasifica en tres componentes. Dentro de los tres, son pasos detallados en la adquisición de éxito en un físico fenomenal.

Paso 1 : Dieta y nutrición

El culturismo es un 80% de dieta y un 20% de levantamiento de pesas. Sí, es cierto. Lo que ingieras, dará lugar al resultado de tu bienestar físico. Hay muchos mitos y anuncios que hacen hincapié en las bebidas proteicas, la creatina, el pre-entrenamiento, etc,. La verdad es que ninguno de ellos es necesario para adquirir músculo y masa. Definitivamente ayudan, pero como he explicado no son necesarios. Puedes obtener toda tu energía, recuperación y masa de los tipos de alimentos adecuados. De hecho, todos esos suplementos que la mayoría de los culturistas consumen, en realidad están dañando su cuerpo.

Carbohidratos

Los hidratos de carbono son un alimento importante que genera energía. Se dividen en tres categorías principales: azúcares, almidones y fibra. La mayoría de los carbohidratos de la dieta se convierten en glucosa, que proporciona energía. También se convierten en grasas, que se guardan para su uso posterior. Comer carbohidratos por la mañana te dará la energía necesaria para afrontar el día y te dará fuerza a la hora de entrenar. El objetivo es mantener un equilibrio en la ingesta de carbohidratos. Distinguir entre los carbohidratos buenos y los malos es vital para tu energía y el crecimiento muscular.

Vitaminas

Las vitaminas también son muy importantes en el culturismo y simplemente para cuidar la salud. Desde la formación de dientes y huesos sanos, hasta el mantenimiento de la función cerebral, hay muchos tipos de vitaminas que ayudan al culturismo y a la recuperación.

Calcio

No sólo ayuda a fortalecer los huesos y los dientes, sino que es esencial para el metabolismo energético.

Los alimentos que contienen calcio son las almendras, el queso, las semillas y los yogures.

Biotina

Convierte los carbohidratos, las proteínas y las grasas en energía.

Los alimentos que contienen biotina son la mantequilla de cacahuete, los huevos, las almendras y la avena.

Hierro

El hierro transforma el oxígeno de los pulmones a los músculos y es vital para mantener los niveles de energía al máximo

Los alimentos que contienen hierro son los cereales de salvado, las judías, las sardinas, el tofu, las espinacas y el pan integral.

Vitamina C

Ayuda a convertir los carbohidratos en combustible y energía.

Los alimentos que contienen vitamina C son el brócoli, los pimientos verdes y rojos, las coles de Bruselas, la coliflor y las espinacas.

Vitamina D

Ayuda a absorber el calcio, que es esencial para las contracciones musculares.

Los alimentos que contienen vitamina D son los huevos, la carne, la leche, el salmón y pescados como las sardinas.

Vitamina B12

La vitamina B12 contribuye a la formación de glóbulos rojos y convierte los alimentos en energía. También ayuda al cerebro y a los músculos a comunicarse eficazmente, lo que da lugar a la coordinación y al crecimiento muscular.

Los alimentos que contienen vitamina B12 son los huevos, la carne, la leche y el queso.

Cobre

El cobre ayuda a fortalecer los tendones necesarios para levantar pesos.

Los alimentos que contienen cobre son los cacahuetes, los cangrejos y las langostas, las semillas y el chocolate negro.

Proteína

Las proteínas deben constituir aproximadamente la mitad de su programa de alimentación. Ayuda a que el oxígeno fluya por el cuerpo, así como a construir y reparar los tejidos musculares. Las proteínas, cuando se combinan con un entrenamiento intenso, ayudan a la gente a añadir masa muscular o simplemente a mantenerla. Se utilizan esencialmente para recuperarse de un entrenamiento. Las proteínas en polvo son muy populares entre los culturistas, ya que son fácilmente accesibles y ayudan al crecimiento de los músculos.

Estas tres nutriciones, cuando se combinan con su levantamiento de pesas, traerán resultados significativos. Como su cuerpo tiene todos los atributos que estos alimentos y dietas tienen, es necesario tomar en los alimentos que son ricos en hidratos de carbono, vitaminas y proteínas. Especialmente, las proteínas. Usted puede obtener todas las necesidades esenciales para una gran dieta de culturismo de estos alimentos enumerados anteriormente.

Etapa 2 : Plan de formación

Hay muchas maneras de enfocar tu plan de entrenamiento. Una herramienta importante para ponerte en marcha y mantener la constancia es crear un plan. Programe una hora para ir al gimnasio y durante cuánto tiempo. Establecer un plan y un objetivo diario le permitirá ser constante. Determina cuántos días a la semana vas a descansar, ya que el descanso es esencial para el crecimiento. A continuación, cree un plan en el que los grupos musculares se centrarán el día 1, el día 2 y el día 3, y así sucesivamente. Por ejemplo, nada más levantarme, desayuno y me dirijo directamente al gimnasio. Entonces, determino en qué grupo muscular me voy a centrar y me dirijo directamente a la máquina/equipo que son los pesos libres. Los pesos libres son pesas como el press de banca, las mancuernas y las barras.

La mejor manera de enfocar un entrenamiento es empezar con pesos libres. Las pesas libres deben ejercitar el grupo muscular en el que te estás centrando de la forma más grande y dura posible. Una serie de calentamiento debería ser suficiente. Después de unas 5-10 series, pase a otro peso libre para otras 5 series, más o menos. Después de unas 10 - 15 series de peso libre, pase a una máquina con cable que le dé resistencia a su grupo muscular. Después de unos 2 ejercicios para unas 5 -7 series cada uno, trabaje en otro ejercicio que trabaje los grupos musculares pequeños dentro de ese grupo muscular.

Las repeticiones de cada serie deben estar en consonancia con la cantidad de peso que se levante. Cuando se empieza por primera vez, o se vuelve a entrenar después de una larga pausa, es importante formar primero el núcleo del grupo muscular. Empieza con pesos bajos, alrededor del 60% de lo que podrías levantar realmente. El objetivo de las repeticiones debe ser de 20 repeticiones en adelante. Recuerde, esto es sólo la construcción del núcleo del músculo, cuando usted está empezando. Esto traerá resultados significativos en el primer mes de su entrenamiento, tal vez menos. Sam, una persona que estaba entrenando utilizó este método y se sorprendió de lo mucho que mejoró en un mes. Fue capaz de levantar un plato, igual a 135 libras, durante unas 6-7 repeticiones. Usando este método, puso 25 libras en cada lado, equivalente a 95 libras, e hizo 20 repeticiones cada serie durante una semana y media. Al final de la semana y media, fue capaz de hacer 30 repeticiones sin parar. Luego subió a 35lbs en cada lado en la segunda semana igualando en 115bs. Hizo esto durante 2 semanas. Después del primer mes, su press de banca mejoró drásticamente. Estaba a punto de levantar 165lbs, en la máquina de press de banca para 2-3 repeticiones. Fue capaz de levantar una placa (135lbs.) 10-12 repeticiones fácilmente.

No se trata de la cantidad de peso que puedas levantar, sino de la forma y la mejora constante. En 2 meses después de seguir este método, Sam subió sus pesos y ahora pasó a la cantidad regular de pesos y repeticiones. La cantidad regular debe ser el peso capaz de levantar en una repetición de 6-8. Incluso 10 repeticiones estarían bien. En el 6º mes de entrenamiento, Sam ya levantaba mucho peso en una repetición media de 6. Lo he entrenado durante un año. Dentro de ese año, el plan de dieta, el plan de entrenamiento y el plan de descanso que le proporcioné trajo resultados asombrosos.

Este método de entrenamiento es el tipo más básico de culturismo. A medida que se avanza en la mejora de la fuerza, el conocimiento y la resistencia en el camino hacia el éxito en el culturismo, existen diferentes formas de enfocar el entrenamiento. La parte más importante del culturismo es el descanso.

Etapa 3 : Descanso

Si se adopta el enfoque correcto de la dieta y se realizan niveles constantes de entrenamiento con pesas, el cuerpo necesita reponerse y repostar. Es entonces cuando entra en juego el descanso. El crecimiento viene del descanso. Tu cuerpo gana músculo, fuerza y masa, en el periodo de sueño y descanso. Cuando mi padre se entrenaba para sus competiciones de culturismo, entrenaba dos veces al día durante un total de 5 horas. Entre sus entrenamientos, tomaba siestas de fuerza. Las siestas consistían en unos 20-40 minutos de sueño. La sociedad de hoy en día está arraigada al concepto de trabajar duro y no tomarse días libres. Esto le traerá resultados por encima de la media. Tu objetivo es trabajar de forma más inteligente y obtener resultados excepcionales. 2 días a la semana de descanso y 5 días de entrenamiento es un buen método. Sin embargo, el método que yo utilizo me trajo resultados que cambiarán significativamente el físico de una persona. Durante 10 días seguidos, entreno todos los días, y en esos 10 días 4-5 iré dos veces. Una vez por la mañana y otra por la tarde. Tu objetivo es entrenar hasta el punto de que tu grupo muscular esté casi desgarrado. Trabajar vigorosamente, con un entrenamiento de alta intensidad, y luego durante los siguientes 2 -3 días descansaría. Esto permitirá que tus músculos crezcan exponencialmente y te dará tiempo para reponer fuerzas. Después, repite el método. Tu objetivo es entrenar hasta el punto en que tus músculos se sientan como si estuvieran casi desgarrados, y luego descansar. El número de días puede variar según el horario de la persona, pero así es como lo hago yo, y me ha funcionado de maravilla. Me gusta añadir algo de cardio, como correr o nadar, a lo largo de los 10 días para mantener mi resistencia y el equilibrio.

El culturismo es un compromiso a largo plazo de consistencia y de lo que una persona está dispuesta a hacer. Cuanto más se esfuerce, mejores serán los resultados. El culturismo te ayuda mentalmente, y es un camino que puede llevarte al éxito, no sólo en tu estado físico, sino en tu trabajo y en tu crecimiento personal.

Ganancia de músculo y veganismo

Todos los culturistas, independientemente de su sexo, se esfuerzan por construir una musculatura fuerte a través de entrenamientos pesados y ejercicios de resistencia intensos. Y los meros ejercicios no pueden suponer una gran diferencia cuando no hay una buena dieta que apoye los cambios corporales. Los nutrientes desempeñan un papel fundamental en el desarrollo muscular, y no se puede pasar por alto el papel de los macro y micronutrientes. Los expertos consideran que, para un desarrollo muscular óptimo, es esencial consumir entre 0,7 y 1 gramo de proteínas por cada kilo de peso corporal al día. Tenga en cuenta estos valores mientras que hacemos un caso para nuestra dieta vegana alta en proteínas. Un culturista también debe tener un 20% de excedente de ingesta calórica para construir y fortalecer los músculos.

El auge de la dieta basada en plantas también ha atraído a muchos atletas y culturistas, pero muchos se han mostrado escépticos y han dudado a la hora de optar por este enfoque, ya que no eran conscientes de cómo una dieta basada en plantas puede ser también una buena fuente de proteínas y calorías.

Esta preocupación particular de los culturistas llevó a muchos expertos en salud y nutricionistas a trabajar ampliamente en la dieta vegana y a crear recetas ricas en proteínas y a desarrollar un enfoque dietético que pueda satisfacer específicamente las necesidades de las personas que trabajan para ganar músculo. Mientras que la mayoría de la gente puede confiar simplemente en las verduras, las frutas, los cereales, etc., para satisfacer sus necesidades energéticas, los atletas deben examinar la dieta con mucho cuidado y gestionar la proporción de alto contenido en proteínas y carbohidratos, manteniendo al mismo tiempo la ingesta de micronutrientes y oligoelementos. En pocas palabras, una dieta vegana de culturismo es totalmente diferente de una dieta básica basada en plantas, ya que está orientada a satisfacer la necesidad de desarrollar los músculos.

Beneficios potenciales de la dieta vegana de culturismo

Además de las alternativas de alta proteína a base de plantas, esta dieta puede proporcionar varios otros beneficios para la salud de un culturista. Veamos cómo esta dieta puede vencer los efectos negativos de un enfoque dietético no vegano y lo bien que puede resultar para todos aquellos que están luchando para ganar condición física.

Reduce el riesgo de enfermedades cardíacas

Las personas que consumen carne y grasas animales tienen más riesgo de desarrollar enfermedades cardíacas. El problema comienza básicamente con el colesterol malo, también conocido como lipoproteínas de baja densidad. Las LDL están presentes en gran medida en las grasas animales o saturadas y tienen la tendencia a depositarse en los vasos sanguíneos. El LDL está presente en alguna cantidad en todos los productos animales, desde la carne hasta los lácteos. Una dieta rica en estos productos puede aumentar la ingesta de LDL, lo que provoca problemas cardíacos debido a la obstrucción de los vasos sanguíneos.

La dieta vegana proporciona un colesterol alternativo conocido como lipoproteínas de alta densidad, el colesterol bueno que puede unir el LDL consigo mismo y lo elimina de la sangre. No se deposita en los vasos sanguíneos y previene varias enfermedades del corazón.

Puede promover un peso corporal saludable

Los culturistas y los atletas se esfuerzan constantemente por conseguir un peso corporal ideal o saludable. Cuando se compara la dieta vegana con cualquier dieta tradicional, los resultados muestran claramente lo bien que ayuda a mantener el índice de masa corporal. La dieta basada en plantas no aumenta las grasas corporales. Para conseguir un peso corporal sin grasas, la dieta vegana parece ser la idea para la aptitud física de toda persona que participe en actividades atléticas. Ya que puede mantener el peso corporal, también mantiene los problemas de resistencia a la insulina y las bajas actividades metabólicas lejos de la persona.

Protege contra ciertos tipos de cáncer

A casi todas las personas vulnerables al cáncer, o que lo padecen en sus primeras fases, se les prescribe la dieta basada en plantas. Hay muchas características de esta dieta que pueden prevenir o tratar los efectos negativos del cáncer. En primer lugar, las plantas con sus fitonutrientes tienen una tendencia terapéutica y curan la mutación celular que puede causar el cáncer. Además, esta dieta hace que el cuerpo sea resistente y fuerte frente a los efectos nocivos del cáncer.

Dieta vegetal para la salud

El Dr. David C Nieman, director del Laboratorio de Rendimiento Humano de la Universidad Estatal de los Apalaches, en Carolina del Norte, ha estudiado los efectos de la dieta en los atletas y su forma física. Su objeto de estudio se centró en la aptitud física y su asociación con una dieta basada en plantas o vegana.

El Dr. Nieman es corredor de maratón y resulta que es vegetariano. Su interés personal era aprender más sobre los efectos de una dieta vegana. Según él, la dieta vegana sólo puede resultar saludable para las personas que realizan ejercicios físicos extremos y permanecen en esas actividades durante más de una hora. Sugiere una dieta vegana alta en proteínas y baja en carbohidratos para controlar la ingesta de carbohidratos. De este modo, una persona puede ganar más resistencia muscular y mejorar la forma y el tamaño general del cuerpo.

También hay otros estudios que correlacionan la dieta vegana y el rendimiento físico de una persona. Sin embargo, los trabajos en este ámbito son limitados hasta ahora. Sin embargo, hay muchos ejemplos en los que inspirarse. Hay muchos culturistas que son veganos y aún así consiguen mantener un índice de masa corporal ideal, una excelente forma muscular y una gran talla.

Torre Washington es un buen ejemplo. Prácticamente no ha probado la carne en su vida, pero nadie puede adivinar eso con el aspecto de sus músculos y la forma de su cuerpo. Se crió en una familia vegetariana y creció comiendo todo tipo de alimentos de origen vegetal. Hoy en día es un entrenador certificado por la Academia Nacional de Medicina Deportiva y un culturista y velocista profesional. Se pasó al veganismo hace unos veinte años, y se ha convertido en un campeón de culturismo vegano gracias a su dieta vegana adaptada. Torre es un ejemplo vivo de cómo una dieta vegana puede favorecer el crecimiento muscular.

Nimai Delgado es otro ejemplo que nos viene a la mente cuando hablamos de veganismo y culturismo. Nimai ha ganado los campeonatos clásicos de EE.UU. de Fresno, el Sacramento Pro, el Hawaii Pro y el Grand Prix gracias a su físico bien cuidado. Ahora es culturista y atleta profesional. También fue vegetariano desde su infancia, y más tarde cambió a una dieta 95% vegana en 2015. Su forma y tamaño muscular son lo suficientemente buenos como para dar una respuesta adecuada a todos los críticos de la dieta vegana de culturismo.

Patrik Baboumian, un atleta armenio-alemán, también ha demostrado el poder de la proteína vegetal a través de su gran forma y sus sólidos músculos. Patrik ha seguido una dieta vegana durante los últimos cinco años de sus veintitrés de carrera. Y hoy se siente más fuerte que nunca. Es un gran defensor de los beneficios de una dieta vegana para el culturismo y también utiliza sus cuentas en las redes sociales para desmentir todos los mitos que rodean al veganismo.

Recetas diarias ricas en proteínas

Aguacates rellenos

Tiempo de preparación: 15 minutos

Raciones: 2

Ingredientes

1 aguacate grande, cortado por la mitad y sin hueso

1 taza de garbanzos cocidos

¼ de taza de nueces picadas

¼ de taza de tallos de apio picados

1 cebolleta (parte verde), cortada en rodajas

1 diente de ajo pequeño, picado

1½ cucharadas de zumo de limón fresco

½ cucharadita de aceite de oliva

Sal y pimienta negra molida, al gusto

1 cucharada de semillas de girasol

1 cucharada de cilantro fresco picado

Cómo prepararse

Con una cuchara, saque la pulpa de cada mitad de aguacate.

A continuación, corte la mitad de la pulpa del aguacate en cubos del mismo tamaño.

En un tazón grande, agregue los cubos de aguacate y el resto de los ingredientes, excepto las semillas de girasol y el cilantro, y mezcle para cubrirlos bien.

Rellena cada mitad de aguacate con la mezcla de garbanzos de manera uniforme.

Servir inmediatamente con la guarnición de semillas de girasol y cilantro.

Nutrición Calorías 440

Grasa total 32,2 g Grasa saturada 5 g

Colesterol 0 mg Sodio 428 mg

Carbohidratos totales 30,2 g Fibra 14,4 g

Azúcar 2,3 g Proteínas 12,6 g

Boniatos rellenos

Tiempo de preparación: 20 minutos

Tiempo de cocción: 40 minutos

Tiempo total: 1 hora

Raciones: 2

Ingredientes

Patatas dulces

1 boniato grande, cortado por la mitad

½ cucharada de aceite de oliva

Sal y pimienta negra molida, al gusto

Llenado

½ cucharada de aceite de oliva

1/3 de taza de garbanzos enlatados, enjuagados y escurridos

1 cucharadita de curry en polvo

1/8 cucharadita de ajo en polvo

1/3 de taza de quinoa cocida

Sal y pimienta negra molida, al gusto

1 cucharadita de zumo de lima fresco

1 cucharadita de cilantro fresco picado

1 cucharadita de semillas de sésamo

Cómo prepararse

Precaliente el horno a 375ºF.

Frote cada mitad de batata con aceite de manera uniforme.

Colocar las mitades de boniato en una bandeja de horno, con el corte hacia abajo, y espolvorear con sal y pimienta negra.

Hornear durante 40 minutos, o hasta que el boniato esté tierno.

Mientras tanto, para el relleno: en una sartén, calentar el aceite a fuego medio y cocinar los garbanzos, el curry en polvo y el ajo en polvo durante unos 6-8 minutos, removiendo con frecuencia.

Añada la quinoa cocida, la sal y la pimienta negra, y retire del fuego.

Retirar del horno y colocar cada una de las mitades de boniato en un plato.

Con un tenedor, esponje ligeramente la carne de cada mitad.

Poner la mezcla de garbanzos en cada mitad y rociar con zumo de lima

Servir inmediatamente con la guarnición de cilantro y semillas de sésamo.

Nutrición

Calorías 340

Grasa total 8,2 g

Grasas saturadas 1,1 g

Colesterol 0 mg

Sodio 117 mg

Total de carbohidratos 50 g

Fibra 10 g

Azúcar 8,8 g

Proteína 12,6 g

Coliflor con guisantes

Tiempo de preparación: 15 minutos

Tiempo de cocción: 15 minutos

Porciones: 3

Ingredientes

2 tomates medianos, picados

¼ de taza de agua

2 cucharadas de aceite de oliva

3 dientes de ajo picados

½ cucharada de jengibre fresco picado

1 cucharadita de comino molido

2 cucharaditas de cilantro molido

1 cucharadita de pimienta de cayena

¼ de cucharadita de cúrcuma molida

2 tazas de coliflor picada

1 taza de guisantes frescos sin cáscara

Sal y pimienta negra molida, al gusto

½ taza de agua tibia

Cómo prepararse

En una licuadora, añada el tomate y ¼ de taza de agua y pulse hasta que se forme un puré suave. Reservar.

En una sartén grande, calentar el aceite a fuego medio y saltear el ajo, el jengibre, los chiles verdes y las especias durante aproximadamente 1 minuto.

Añadir la coliflor, los guisantes y el puré de tomate y cocinar, removiendo, durante unos 3-4 minutos.

Añadir el agua caliente y llevar a ebullición.

Reduzca el fuego a medio-bajo y cocine, tapado, durante unos 8-10 minutos o hasta que las verduras estén completamente hechas. Sirva caliente.

Nutrición Calorías 163

Grasa total 10,1 g Grasa saturada 1,5 g

Colesterol 0 mg Sodio 79 mg

Carbohidratos totales 16,1 g Fibra 5,6 g

Azúcar 6,7 g Proteínas 6 g

Hamburguesas con salsa de champiñones

Tiempo de preparación: 25 minutos

Tiempo de cocción: 30 minutos

Raciones: 2

Ingredientes

Patties

½ taza de mijo, enjuagado

1 taza de agua caliente

1 lata (14 onzas) de garbanzos, enjuagados, escurridos y triturados

1 zanahoria, pelada y rallada finamente

½ pimiento rojo, sin semillas y picado

½ de cebolla amarilla picada

1 diente de ajo picado

½ cucharada de cilantro fresco picado

½ cucharadita de curry en polvo

Sal y pimienta negra molida, al gusto

4 cucharadas de harina de garbanzos

2 cucharadas de aceite de canola

Salsa de setas

2 tazas de leche de soja sin azúcar

2 cucharadas de harina de arrurruz

1 cucharada de salsa de soja baja en sodio

Una pizca de pimienta negra molida

1 cucharadita de aceite de oliva

¾ de taza de champiñones frescos, picados

1 diente de ajo picado

2 cucharadas de cebollino fresco picado

Cómo prepararse

Para las hamburguesas: calentar una pequeña sartén antiadherente a fuego medio y tostar el mijo durante unos 5 minutos, removiendo continuamente.

Añadir el agua caliente y llevar a ebullición.

Reduzca el fuego a bajo y cueza a fuego lento, tapado, durante unos 15 minutos.

Retirar del fuego y reservar, tapado, durante unos 10 minutos.

Destapar la sartén y dejar que el mijo se enfríe completamente.

Una vez enfriado, esponjar el mijo con un tenedor.

En un bol grande, añadir el mijo y el resto de ingredientes (excepto la harina de garbanzos y el aceite) y mezclar hasta que estén bien combinados.

Añadir poco a poco la harina de garbanzos, 1 cucharada a la vez, y mezclar bien.

Hacer 4 hamburguesas del mismo tamaño con la mezcla.

En una sartén antiadherente, calentar el aceite a fuego medio y cocinar las hamburguesas durante unos 3-4 minutos por lado, o hasta que se doren.

Mientras tanto, para la salsa de champiñones: en un bol, añada la leche de soja, la harina, la salsa de soja y la pimienta negra y bata hasta que esté suave. Reservar.

Calentar el aceite en una sartén a fuego medio y saltear las setas y el ajo durante unos 3 minutos. Incorporar la mezcla de leche de soja y cocinar durante unos 8 minutos, removiendo con frecuencia. Incorpore el cebollino y retire del fuego. Colocar 2 hamburguesas en cada plato y cubrirlas con la salsa de champiñones. Servir inmediatamente.

Nutrición Calorías 713 Grasas totales 24,2 g Grasas saturadas 2,3 g

Colesterol 0 mg Sodio 674 mg Total de carbohidratos 92 g

Fibra 17,1 g Azúcar 8,5 g Proteínas 29,5 g

Pan de arroz y lentejas

Tiempo de preparación: 20 minutos

Tiempo de cocción: 1 hora y 50 minutos

Tiempo total: 2 horas 10 minutos

Porciones: 6

Ingredientes

1¾ tazas más 2 cucharadas de agua, divididas

½ taza de arroz salvaje

½ taza de lentejas marrones

Sal, al gusto

½ cucharadita de condimento italiano

1 cebolla amarilla mediana, picada

1 tallo de apio picado

6 champiñones cremini, picados

4 dientes de ajo picados

¾ de taza de copos de avena

½ taza de nueces, picadas finamente

¾ de taza de ketchup sin azúcar

½ cucharadita de copos de pimienta roja triturados

1 cucharadita de romero fresco, picado

2 cucharaditas de tomillo fresco picado

Cómo prepararse

En una cacerola, añadir 1¾ tazas de agua, el arroz, las lentejas, la sal y el condimento italiano a fuego medio-alto y llevar a ebullición.

Reduzca el fuego a bajo y cocine, tapado, durante unos 45 minutos.

Retirar la sartén del fuego y reservar, tapada, durante al menos 10 minutos.

Precaliente el horno a 350ºF y forre un molde para pan de 9x5 pulgadas con papel pergamino.

En una sartén, calentar el agua restante a fuego medio y rehogar la cebolla, el apio, las setas y el ajo durante unos 4-5 minutos.

Retirar del fuego y reservar para que se enfríe un poco.

En un bol grande, añadir la avena, las nueces, el ketchup y las hierbas frescas y mezclar hasta que estén bien combinados.

Añadir la mezcla de arroz y la de verduras y mezclar bien.

En una batidora, añadir la mezcla y pulsar hasta que se forme una mezcla en trozos.

Colocar la mezcla en el molde de pan preparado de manera uniforme.

Con un trozo de papel de aluminio, cubra el molde y hornee durante unos 40 minutos.

Destape y hornee durante 20 minutos más, o hasta que la parte superior se dore.

Retirar del horno y colocar el molde en una rejilla durante unos 10 minutos.

Con cuidado, invierta el pan en una bandeja.

Cortar en rodajas del tamaño deseado y servir.

Nutrición

Calorías 254 Grasas totales 7,5 g Grasas saturadas 0,6 g

Colesterol 0 mg Sodio 269 mg Carbohidratos totales 38,6 g

Fibra 8,5 g Azúcar 8,9 g Proteínas 11,5 g

Garbanzos con acelgas

Tiempo de preparación: 15 minutos

Tiempo de cocción: 15 minutos

Porciones: 4

Ingredientes

2 cucharadas de aceite de oliva

1 cebolla amarilla mediana, picada

4 dientes de ajo picados

1 cucharadita de tomillo seco triturado

1 cucharadita de orégano seco triturado

½ cucharadita de pimentón

1 taza de tomate, picado finamente

2½ tazas de garbanzos enlatados, enjuagados y escurridos

5 tazas de acelgas

2 cucharadas de agua

2 cucharadas de zumo de limón fresco

Sal y pimienta negra molida, al gusto

3 cucharadas de albahaca fresca picada

Cómo prepararse

Calentar el aceite de oliva en una sartén a fuego medio y saltear la cebolla durante unos 6-8 minutos.

Añadir el ajo, las hierbas y el pimentón y rehogar durante 1 minuto.

Añada las acelgas y 2 cucharadas de agua y cocine durante unos 2-3 minutos.

Añadir los tomates y los garbanzos y cocinar durante unos 2-3 minutos.

Añade el zumo de limón, la sal y la pimienta negra, y retira del fuego.

Servir caliente con la guarnición de albahaca.

Nutrición

Calorías 260 Grasas totales 8,6 g Grasas saturadas 1,1 g

Colesterol 0 mg Sodio 178 mg Carbohidratos totales 34 g

Fibra 8,6 g Azúcar 3,1 g Proteínas 12 g

Frijoles negros picantes

Tiempo de preparación: 15 minutos

Tiempo de cocción: 1 hora y 25 minutos

Tiempo total: 1 hora y 40 minutos

Porciones: 5

Ingredientes

4 tazas de agua

1½ tazas de frijoles negros secos, remojados durante 8 horas y escurridos

½ cucharadita de cúrcuma molida

3 cucharadas de aceite de oliva

1 cebolla roja pequeña, picada finamente

1 chile verde picado

1 trozo de jengibre fresco (1 pulgada), picado

2 dientes de ajo picados

1½ cucharadas de cilantro molido

1 cucharadita de comino molido

½ cucharadita de pimienta de cayena

Sal, al gusto

2 tomates medianos, picados finamente

¼ de taza de crema de coco

½ taza de cilantro fresco, picado

Cómo prepararse

En una cacerola grande, añada el agua, los frijoles negros y la cúrcuma, y llévelos a ebullición a fuego alto.

Ahora, reduzca el fuego a bajo y cocine, tapado, durante aproximadamente 1 hora o hasta que las alubias estén al punto deseado. Mientras tanto, en una sartén, calienta el aceite a fuego medio y saltea la cebolla durante unos 4-5 minutos. Añada el chile verde, el jengibre, el ajo, las especias y la sal, y saltee durante unos 1-2 minutos. Incorpore los tomates y cocine durante unos 10 minutos, removiendo de vez en cuando. Transfiera la mezcla de tomate a la sartén con los frijoles negros y revuelva para combinar. Reduzca el fuego a medio-bajo y cocine durante unos 20-25 minutos. Servir caliente con la guarnición de crema de coco y cilantro.

Nutrición Calorías 344 Grasas totales 11,9 g Grasas saturadas 3,8 g

Colesterol 0 mg Sodio 50 mg Total de carbohidratos 48,5 g

Fibra 10 g Azúcar 10,8 g Proteínas 13,6 g

Sopa de judías mixtas

Tiempo de preparación: 20 minutos

Tiempo de cocción: 45 minutos

Tiempo total: 1 hora y 5 minutos

Porciones: 12

Ingredientes

¼ de taza de aceite vegetal

1 cebolla grande picada

1 batata grande, pelada y cortada en cubos

3 zanahorias, peladas y picadas

3 tallos de apio picados

3 dientes de ajo picados

2 cucharaditas de tomillo seco triturado

1 lata (4 onzas) de chiles verdes

2 chiles jalapeños picados

1 cucharada de comino molido

4 tomates grandes, picados finamente

2 latas (16 onzas) de alubias rojas, enjuagadas y escurridas

2 latas (15¼ onzas) de alubias rojas, enjuagadas y escurridas

1 lata (15 onzas) de frijoles negros, escurridos y enjuagados

9 tazas de caldo de verduras casero

1 taza de cilantro fresco picado

Cómo prepararse

En un horno holandés, calentar el aceite a fuego medio y saltear la cebolla, el boniato, las zanahorias y el apio durante unos 6-8 minutos.

Añade el ajo, el tomillo, los chiles verdes, los chiles jalapeños y el comino y saltea durante aproximadamente 1 minuto.

Añadir los tomates y cocinar durante unos 2-3 minutos. Añadir las alubias y el caldo y llevar a ebullición a fuego medio-alto. Cubra la cacerola con una tapa y cocine durante unos 25-30 minutos. Incorporar el cilantro y retirar del fuego. Servir caliente.

Nutrición Calorías 563

Grasa total 6,8 g Grasa saturada 1,4 g Colesterol 0 mg Sodio 528 mg

Carbohidratos totales 90 g Fibra 31,5 g Azúcar 11 g Proteínas 32,4 g

Guiso de cebada y lentejas

Tiempo de preparación: 20 minutos

Tiempo de cocción: 50 minutos

Tiempo total: 1 hora y 10 minutos

Porciones: 8

Ingredientes

2 cucharadas de aceite de oliva

2 zanahorias, peladas y picadas

1 cebolla roja grande, picada

2 tallos de apio picados

2 dientes de ajo picados

1 cucharadita de cilantro molido

2 cucharaditas de comino molido

1 cucharadita de pimienta de cayena

1 taza de cebada

1 taza de lentejas rojas

5 tazas de tomates, picados finamente

5-6 tazas de caldo de verduras casero

6 tazas de espinacas frescas, desgarradas

Sal y pimienta negra molida, al gusto

Cómo prepararse

En una sartén grande, calentar el aceite a fuego medio y saltear las zanahorias, la cebolla y el apio durante unos 5 minutos.

Añadir el ajo y las especias y saltear durante 1 minuto.

Añadir la cebada, las lentejas, los tomates y el caldo y llevar a ebullición.

Reduzca el fuego a bajo y cueza a fuego lento, tapado, durante unos 40 minutos.

Añada las espinacas, la sal y la pimienta negra, y cueza a fuego lento durante unos 3-4 minutos.

Servir caliente.

Nutrición Calorías 264

Grasa total 5,8 g Grasa saturada 1 g Colesterol 0 mg Sodio 540 mg

Carbohidratos totales 41,1 g Fibra 14,1 g Azúcar 5,8 g Proteínas 14,3 g

Recetas de desayunos y batidos

Muffin de zanahorias y pasas

Porciones: 4

Tiempo de preparación: 5 minutos

Tiempo de cocción: 30 minutos

Ingredientes

1 1/4 de taza de harina de almendra

1/2 taza de harina integral (cualquiera)

3 cucharadas de almendras molidas

2 tazas de zanahoria rallada

1 1/2 cucharadita de bicarbonato de sodio

2 cucharaditas de polvo de hornear

2 cucharaditas de canela

1/2 cucharadita de sal

1 cucharadita de vinagre de manzana

1/2 taza de aceite de oliva virgen extra

2 cucharadas de aceite de linaza

4 cucharadas de miel ecológica

3 oz de pasas sin semillas

Direcciones:

Precalentar el horno a 360 F.

En un tazón grande, combine la harina de almendras, la harina integral, el bicarbonato de sodio, la levadura en polvo, la canela y la sal.

En un bol aparte, bata el vinagre de manzana, el aceite de oliva, el aceite de linaza y la miel.

Combinar la mezcla de harina de almendra con la mezcla líquida; remover bien.

Añadir las zanahorias ralladas y las pasas; remover bien.

Llene los moldes para magdalenas hasta 3/4 de su capacidad.

Hornear durante 30 minutos.

Retirar del horno y dejar enfriar durante 10 minutos.

Sirve.

Tacos veganos fáciles

Raciones: 2

Tiempo de preparación: 5 minutos

Tiempo de cocción: 10 minutos

Ingredientes:

Conchas para tacos (8)

Maíz (.25 C.)

Tomates cherry picados (8)

Aguacate picado (1)

Comino molido (2 t.)

Salsa picante (2 t.)

Puré de tomate (1 C.)

Frijoles negros (2 C.)

Instrucciones: Para empezar esta receta, debes coger una sartén y ponerla a fuego medio. Cuando la sartén comience a calentarse, agregue el puré de tomate, los frijoles negros, la salsa picante y el comino. Cocine todos estos ingredientes juntos durante unos cinco minutos o hasta que todo esté caliente. En este punto, siéntete libre de sazonar el plato como quieras. A continuación, empieza a montar los tacos. Todo lo que tiene que hacer es verter la cantidad de mezcla de frijoles en cada taco

Gachas de avena y maca en polvo

Raciones: 2

Tiempo de preparación: 5 minutos

Tiempo de cocción: 10 minutos

Ingredientes

2 tazas de leche de almendras (o leche de coco) sin endulzar

1 pizca de sal de mesa

1 taza de copos de avena

1 1/2 cucharadas de polvo de maca

1 cucharada de miel (o jarabe de arce)

1 cucharadita de canela molida

1 plátano pelado y cortado en rodajas finas

Instrucciones: En una cacerola, calentar la leche de almendras con una pizca de sal a fuego alto; llevar a ebullición. Incorporar los copos de avena y la maca en polvo, reducir el fuego a medio y cocer a fuego lento, sin tapar, de 5 a 7 minutos; remover constantemente. Poner los copos de avena en un bol y verter la miel, la canela y las rodajas de plátano. Servir y disfrutar.

Tortitas saladas de patata y cúrcuma

Porciones: 4

Tiempo de preparación: 5 minutos

Tiempo de cocción: 15 minutos

Ingredientes

4 patatas grandes, ralladas

1 cucharadita de cúrcuma en polvo

1 cucharada de mantequilla de almendras con sal añadida

Sal y pimienta molida al gusto

1/2 taza de aceite de oliva con ajo

Servir: perejil fresco picado o cebollas verdes en rodajas

Instrucciones: Pelar, lavar y secar las patatas. Rallar las patatas en un plato o cuenco. Sazona las patatas con la sal y la pimienta y la cúrcuma.

Calentar el aceite en una sartén grande a fuego medio-fuerte Echar las patatas ralladas en el aceite caliente y presionar con una espátula. Cocinar durante unos 2 minutos; dar la vuelta a la tortita y cocinarla hasta que se dore. Pasar la tortita al papel de cocina. Servir caliente con perejil o cebolla verde picados.

Carne Vegana

Porciones: 3

Tiempo de preparación: 15 minutos

Tiempo de cocción: 50 minutos

Ingredientes

Corteza de coliflor

1/2 taza de aceite de aguacate

1 cabeza de coliflor cortada en ramilletes

1/2 cucharadita de ajo picado

Sal y pimienta molida al gusto

1/2 taza de champiñones en rodajas finas

2 cucharadas de polvo de arrurruz

Relleno/cobertura

1/2 taza de ketchup

1 taza de champiñones cortados en rodajas

1 taza de puré de aguacate (triturado)

1/2 taza de zanahoria rallada

1 taza de aceitunas sin hueso, cortadas en rodajas o por la mitad

Direcciones:

Masa de coliflor:

Precalentar el horno a 400F.

Cubrir una bandeja para hornear con papel pergamino.

Añada los ramilletes de coliflor en su procesador de alimentos en tandas.

Procesar los ramilletes de coliflor hasta conseguir una forma de arroz.

Cocinar la coliflor en una sartén antiadherente durante unos 8 a 10 minutos.

Ponga el arroz de coliflor en un bol y añada las setas, el ajo molido, el arrurruz en polvo, un poco de aceite y la sal y la pimienta; remueva bien.

Extienda la masa de coliflor en una bandeja de horno preparada y hornee durante unos 20 minutos.

Retirar del horno y dejar que se enfríe durante 10 minutos. Recubrimientos

Rellenar la masa con la salsa de tomate, el puré de aguacate, los champiñones en rodajas, la zanahoria y rociar con un poco de aceite de aguacate. Colocar la masa en el horno y hornear de 10 a 12 minutos. Cortar en rodajas y servir caliente.

Spread Edamame agrio

Porciones: 6

Tiempo de preparación: 5 minutos

Tiempo de cocción: 5 minutos

Ingredientes

2 tazas de edamame congelado sin cáscara, cocido según las instrucciones del paquete

1/4 de taza de aceite de sésamo , 1 taza de tofu sedoso escurrido

1 cucharada de ajo picado (de 3 dientes medianos)

Sal marina en escamas al gusto

Pimienta blanca al gusto

2 cucharaditas de comino molido, 1 cucharada de vinagre de arroz, 4 cucharadas de zumo de limón fresco

Semillas de sésamo para servir

Instrucciones: Coloque todos los ingredientes en su licuadora de alta velocidad o en un procesador de alimentos. Mezcle hasta que estén bien combinados. Ponga la pasta para untar en un bol y espolvoree con semillas de sésamo. El Edamame para untar se puede refrigerar en un recipiente hermético hasta 3 días.

Tortilla de tofu de resistencia

Raciones: 2

Tiempo de preparación: 8 minutos

Tiempo de cocción: 12 minutos

Ingredientes

2 cucharadas de aceite de oliva

1 cebolla pequeña finamente picada

1 pimiento rojo grande picado

1/2 taza de champiñones blancos cortados por la mitad o en rodajas

3/4 de libra de tofu cortado en cubos, 1 cucharada de levadura nutricional

1 cucharadita de cúrcuma (para el color), 1 cucharadita de ajo en polvo

Sal marina y pimienta negra molida al gusto

Instrucciones: Calentar el aceite en una sartén grande a fuego medio-alto. Saltear la cebolla y el pimiento rojo con una pizca de sal durante 2 o 3 minutos. Añadir los champiñones y cocinar hasta que se haya evaporado la mayor parte del agua de los champiñones. Añadir los cubos de tofu y todos los ingredientes restantes; remover bien. Tapar y cocinar a fuego medio durante unos 6 a 8 minutos; remover de vez en cuando. Probar y rectificar la sazón. Servir caliente.

Batido de quark vegano Superelan

Raciones: 2

Tiempo de preparación: 5 minutos

Tiempo de cocción: 5 minutos

Ingredientes

1 plátano congelado

3/4 de taza de bayas congeladas

1 manzana sin corazón y en rodajas

1/3 de taza de avena

1 cucharada de proteína vegana en polvo (proteína de soja o cáñamo)

3/4 de taza de quark vegano (por ejemplo, Alpro)

1 1/2 tazas de leche de almendras

Direcciones:

Coloque todos los ingredientes en su batidora de velocidad rápida.

Mezclar hasta que esté suave y cremoso.

Servir inmediatamente.

Pan de desayuno de boniato y naranja

Porciones: 6

Tiempo de preparación: 5 minutos

Tiempo de cocción: 50 minutos

Ingredientes

1 boniato grande (unas 12 onzas), pelado y rallado

1/2 taza de zumo de naranja fresco

1/3 de taza de agua

1/3 de taza de mermelada de naranja

4 cucharadas de aceite de canola

1 cucharada de polvo de arrurruz

3 tazas de harina de trigo

1/2 taza de azúcar

2 cucharaditas de polvo de hornear

1/4 de cucharadita de sal

Direcciones:

Precalentar el horno a 375 F/180 C.

En una cacerola pequeña, cocine la batata rallada durante 10 minutos; escúrrala y déjela enfriar.

En un bol, combine la patata rallada con el zumo de naranja, el agua, la mermelada de naranja, el aceite de canola y el polvo de arrurruz.

En un recipiente aparte, mezcle la harina, el azúcar, la levadura en polvo y la sal.

Añadir los ingredientes líquidos a la mezcla de harina y remover hasta que se combinen.

Vierta la masa en un molde para pan engrasado y hornee durante 30-35 minutos.

Cuando esté listo, déjelo enfriar durante 10 minutos.

Cortar y servir.

El poder del batido de plátano y soja

Raciones: 2

Tiempo de preparación: 5 minutos

Tiempo de cocción: 5 minutos

Ingredientes

3/4 de taza de leche de soja

2 plátanos congelados

1 kiwi en rodajas

1 cucharada de semillas de cáñamo

1 cucharada de aceite de linaza

1 cucharada de proteína vegana en polvo (proteína de guisante o de soja)

1 taza de espinacas frescas

3/4 de taza de bayas congeladas descongeladas (sin azúcar)

Direcciones:

Ponga todos los ingredientes en su batidora.

Licuar durante unos 45 segundos o hasta que todo esté bien mezclado. Servir.

Pan vegano de perejil y almendras

Raciones: 2

Tiempo de preparación: 10 minutos

Tiempo de cocción: 1 hora

Ingredientes

1 1/2 tazas de agua con gas a temperatura ambiente

1 cucharada de levadura seca activa

1 cucharadita de azúcar

3 cucharadas de aceite de oliva

2 1/2 tazas de harina de trigo

2 cucharadas de perejil fresco picado

1/2 taza de almendras finamente picadas

1 cucharadita de ajo molido

1 cucharadita de sal

Direcciones:

Precalentar el horno a 375 F/185 C.

Engrasar con aceite de oliva un pan para hornear; reservar.

En un bol grande, disolver la levadura, el azúcar y la sal en el agua con gas; dejar reposar hasta que se formen burbujas en la superficie.

Añadir la harina y el aceite de oliva y batir hasta que esté suave.

Añadir todos los ingredientes restantes y seguir batiendo hasta que se combinen bien o hasta que se forme una masa suave.

Pasar a una superficie enharinada; amasar hasta que esté suave y elástica o durante unos 8 minutos.

Dar forma a la masa y colocarla en una panera preparada.

Hornear de 30 a 35 minutos o hasta que se dore.

Retirar del horno y dejar reposar durante 10 minutos.

Cortar, servir y disfrutar.

Sloppy Joe vegano con tofu

Porciones: 4

Tiempo de preparación:

Tiempo de cocción:

Ingredientes

2 cucharadas de aceite de aguacate

1 cebolla cortada en rodajas finas

2 dientes de ajo cortados en rodajas finas

1 libra de queso tofu, cortado en cubos

1 chile jalapeño en rodajas

1 pimiento verde, cortado en dados

1 tomate grande cortado en dados

3 cucharadas de pasta de tomate

2 cucharadas de mezcla de especias para fajitas

Sal y pimienta negra molida

1 taza de agua

Direcciones:

Calentar el aceite en una sartén grande a fuego medio.

Añade la cebolla verde en rodajas, el ajo, el pimiento verde y el chile jalapeño; saltea con una pizca de pimienta durante 3 o 4 minutos o hasta que estén blandos.

Añade el tofu y dóralo durante 3 minutos más; remueve constantemente.

Añade el tomate cortado en dados, la pasta de tomate, el agua y la mezcla de especias para fajitas; tapa y cocina a fuego medio-bajo durante 10 minutos.

Probar y ajustar la sal y la pimienta al gusto.

Servir inmediatamente o conservar en la nevera.

Batido gigante superverde vegano

Raciones: 2

Tiempo de preparación: 5 minutos

Tiempo de cocción: 5 minutos

Ingredientes

1 1/2 tazas de leche de almendras (o leche de coco)

1 taza de tapas de zanahoria picadas

1 taza de espinacas frescas picadas

1 pepino, pelado y cortado en rodajas

1 plátano grande, fresco o congelado

3 cucharadas de almendras molidas o almendras de Macadamia molidas

1 cucharada de proteína vegana en polvo (proteína de guisante o de soja)

1 cucharada de miel extraída

1 cucharada de aceite de linaza

Instrucciones: Coloque todos los ingredientes en su batidora de velocidad rápida. Mezcle hasta que esté suave y bien combinado. Servir.

Tostadas dulces veganas

Raciones: 2

Tiempo de preparación: 5 minutos

Tiempo de cocción: 10 minutos

Ingredientes

3 cucharadas de aceite de oliva

1 taza de leche de soja (sin azúcar)

1 taza de harina de avena (o de trigo sarraceno)

1/2 cucharadita de canela

2 cucharadas de azúcar moreno o azúcar

6 rebanadas de pan de un día (o pan multicereal)

Raciones; crema vegana, cacahuetes, miel o jarabe de arce

Direcciones:

Calentar el aceite en una sartén a fuego medio-alto.

Vierta la leche de soja en un bol.

En un recipiente aparte, combinar los copos de avena y el azúcar moreno; remover bien.

Sumergir cada rebanada de pan primero en leche de soja, y luego pasarla por la mezcla de copos de avena.

Fríe tus tostadas francesas veganas durante un par de minutos por cada lado, o hasta que se doren.

Sacar las torrijas a un plato forrado con papel de cocina para escurrirlas.

Sírvelo con tu pasta vegana favorita, cacahuetes, miel o sirope de arce.

Bebida proteica de espinacas y arándanos

Tiempo de preparación: 5 minutosTiempo de cocción: Ninguno
Raciones: 2

Ingredientes:

½ taza de yogur vegano

¼ de taza de bayas mixtas

1/3 de taza de leche no láctea

1 taza de verduras de hoja verde

1 cucharada de proteína vegana en polvo

1/3 de taza de hielo

Direcciones:

Añade todos los ingredientes en un procesador de alimentos, excepto el hielo

Licuar hasta que quede suave, luego agregar hielo

Mezclar hasta que el hielo esté triturado y servir

Batido de café Pick Me Up

Tiempo de preparación: 5 minutosTiempo de cocción: Ninguno
Raciones: 2

Ingredientes:

1 lata de leche de coco

3 plátanos congelados

2 cucharadas de mantequilla de cacahuete

4 cucharaditas de café instantáneo en polvo

2 cucharadas de jarabe de arce

Direcciones:

Pelar y cortar los plátanos frescos en trozos

Congelar durante 2 horas antes de usar

En un procesador de alimentos, añada la leche no láctea, los plátanos congelados, la mantequilla de cacahuete, el café instantáneo en polvo y el jarabe de arce

Mezclar hasta que esté suave

Batido vegano de fresa

Tiempo de preparación: 5 minutos Tiempo de cocción: Ninguno
Raciones: 2

Ingredientes:

2 tazas de fresas

1 plátano

1/4 de taza de leche no láctea

2 cucharadas de jarabe de arce

Direcciones:

En un procesador de alimentos, mezcle las fresas, el plátano, la leche y el jarabe de arce

Verter en dos vasos de servir y disfrutar

Batido verde de aguacate

Tiempo de preparación: 5 minutosTiempo de cocción: Ninguno
Raciones: 2

Ingredientes:

1/2 aguacate

1 plátano

1 taza de espinacas

1 taza de leche no láctea

2 dátiles sin hueso

Direcciones:

En un procesador de alimentos, mezcle el aguacate, el plátano, las espinacas, la leche y los dátiles hasta que esté suave

Verter en dos vasos de servir y disfrutar

Barras de granola

Para algunas ideas adicionales de tentempiés antes del entrenamiento, considera una barra de granola. ¿En qué consiste? La receta básica contiene avena, frutos secos y fruta deshidratada. La avena, tiene fibra. Reduce los niveles de colesterol y el riesgo de desarrollar enfermedades cardíacas.

Los ingredientes se mantienen unidos con jarabe de arce o agave. Son prácticos porque son pequeños y no necesitan conservarse en frío. Como suelen venir predosificados, se evita comer en exceso.

Esto hace que sea más fácil controlar el peso. Las barritas de granola también tienen un buen sabor y están disponibles en una gran variedad de sabores. En cuanto a los beneficios para la salud, las barritas de granola pueden ser una buena fuente de fibra y proteínas. Sin embargo, al igual que ocurre con los batidos de proteínas, no todas las barritas de granola se consideran saludables. Este es el caso cuando contiene ingredientes que pueden minimizar los resultados de tus esfuerzos de entrenamiento.

Sí, las barritas de cereales pueden ser una opción saludable para los deportistas. Sin embargo, no siempre es así. Te recomendamos que compruebes la lista de ingredientes de las que compras en el supermercado. Esto se debe a que los ingredientes artificiales, los altos niveles de azúcar y las calorías añadidas pueden obstaculizar tus objetivos de fitness. Suelen estar muy procesados, lo que puede ser la causa del desarrollo del síndrome metabólico. Éste es responsable de varias afecciones como la diabetes, las enfermedades cardíacas y los accidentes cerebrovasculares.

Los alimentos procesados contienen ingredientes artificiales, lo que significa que el consumidor no puede saber con certeza qué está ingiriendo exactamente. Además, algunas marcas de barritas de cereales compradas en tiendas superan la cantidad recomendada de azúcar que se debe consumir al día. El exceso de azúcar suele ser la causa subyacente del aumento de peso. Si no se controla, puede provocar obesidad y diabetes. Algunas personas asumen que los alcoholes de azúcar son mejores alternativas al azúcar, pero tienen su parte de problemas. Por ejemplo, es posible que el organismo no los descomponga con la misma eficacia.

También pueden presentar efectos adversos para quienes tienen sensibilidad al xilitol o al sorbitol. Otros edulcorantes artificiales como el aspartamo, la sacarina y la sucralosa reaccionan negativamente sobre la salud intestinal y dificultan el control del azúcar en sangre.

Sabiendo esto, quizá se pregunte qué debe buscar en una barra de granola. Para que sea saludable, debe estar compuesta por ingredientes reales. Entre ellos están los cereales, como la avena, así como la fruta, las semillas y los frutos secos. Lo ideal es que los alimentos reales tengan ingredientes que puedas pronunciar. Su contenido de azúcar debe ser inferior a 10 gramos. Para que sea nutritiva, debe tener más de 5 gramos de proteínas. Una barra de granola saludable también debe tener una fuente de fibra, por lo que al menos 3 gramos. En cuanto al número de calorías, no debería superar las 250.

Además, debe saber que la primera impresión es importante, cuando se trata de comida. ¿Qué queremos decir con esto? Sencillamente, que los ingredientes se enumeran en el orden en que aparecen. Lo que más tiene el producto aparecerá en primer lugar. Por el contrario, lo que menos tiene el producto aparecerá en último lugar. Si el azúcar figura entre los tres primeros ingredientes de la barra de granola, debe evitarse. No es una opción de merienda saludable para usted.

Como vegano, también debes comprobar la lista de ingredientes para asegurarte de que es 100% vegetal. Debido a lo complicado que puede ser elegir la barrita de granola adecuada para ti y para tus objetivos de fitness, algunas personas prefieren no comerlas. Sin embargo, ofrecemos algo mucho más interesante: la opción de hacer tu barra de granola.

Hacerlo es barato, ya que es probable que los ingredientes ya estén en la despensa de su cocina. Ofrece la versatilidad de adaptar la receta a tus preferencias personales. También es un alimento que puedes hacer en lotes y congelar para más adelante. Pueden ser tan sencillas o tan elaboradas como usted quiera. Sin embargo, para proporcionar a tu cuerpo los macronutrientes que necesita para mejorar el rendimiento deportivo, mantendremos esta receta corta y dulce.

Uno de sus ingredientes clave es el cáñamo, un superalimento. Es una buena fuente de omega 3, 6 y 9. También tiene magnesio, manganeso, hierro y zinc. Este ingrediente es útil para los deportistas, ya que puede ayudar a reducir el dolor en los tendones y ligamentos. También mejora la circulación del oxígeno más rápidamente en el torrente sanguíneo. Además, el cáñamo tiene propiedades antiinflamatorias, por lo que es un gran alimento para incluir en la dieta de un deportista.

Otro ingrediente rico en nutrientes de esta receta es el dátil. Aunque este fruto seco tiene un mayor número de calorías, sus otros beneficios para la salud lo convierten en un ingrediente que merece la pena tener en la dieta. Los dátiles tienen un bajo índice glucémico. Tienen un alto contenido en fibra, que ayuda a la salud digestiva y regula el movimiento intestinal. También ralentiza la digestión, lo que permite a tu cuerpo un mayor control de los niveles de azúcar en sangre.

Los dátiles también tienen un alto contenido en antioxidantes, que luchan por reducir el riesgo de desarrollar enfermedades crónicas. Algunos de los antioxidantes presentes en los dátiles son los flavonoides, los carotenoides y el ácido fenólico. Estos ayudan a reducir la inflamación y a promover la salud cardiovascular. Además, los dátiles son buenos para el cerebro humano. No hay que subestimar la utilidad del cerebro en un entrenamiento, en la formación y en un gran partido. Un cerebro sano significa una mejor memoria, una mayor capacidad de aprendizaje y un mayor estado de alerta. Además, los dátiles son excelentes edulcorantes naturales y pueden sustituir fácilmente al azúcar en una receta. A menudo, esto se consigue mezclando dátiles con agua para crear una pasta. Si necesita que le convenzan de lo buenos que son los dátiles para usted, sepa esto. Los dátiles también ayudan a fortalecer los huesos gracias a nutrientes como el calcio, el magnesio, el fósforo y el potasio. En este caso, los dátiles se añaden a la barra de granola. Servirá como ingrediente aglutinante que mantiene unida tu barra de proteínas. Sin embargo, la versatilidad de esta fruta hace que sea una gran adición a las salsas, aderezos para ensaladas, adobos y avena, también. En

Recetas para el almuerzo

Increíble plato de patatas

Tiempo de preparación: 10 minutos

Tiempo de cocción: 3 horas

Porciones: 4

Ingredientes:

1 y ½ libras de patatas, peladas y cortadas en trozos grandes

1 cucharada de aceite de oliva

3 cucharadas de agua

1 cebolla amarilla pequeña, picada

½ taza de pastilla de caldo de verduras, desmenuzada

½ cucharadita de cilantro molido

½ cucharadita de comino molido

½ cucharadita de garam masala

½ cucharadita de chile en polvo

Pimienta negra al gusto

½ libra de espinacas, desmenuzadas

Direcciones:

Ponga las patatas en su olla de cocción lenta.

Añade el aceite, el agua, la cebolla, la pastilla de caldo, el cilantro, el comino, el garam masala, el chile en polvo, la pimienta negra y las espinacas.

Remover, tapar y cocinar a fuego alto durante 3 horas.

Dividir en cuencos y servir.

Que lo disfrutes.

Nutrición: calorías 270, grasa 4, fibra 6, carbohidratos 8, proteínas 12

Delicia de batatas y lentejas con textura

Tiempo de preparación: 10 minutos

Tiempo de cocción: 4 horas y 30 minutos

Porciones: 6

Ingredientes:

6 tazas de batatas, peladas y cortadas en cubos

2 cucharaditas de cilantro molido

2 cucharaditas de chile en polvo

1 cebolla amarilla picada

3 tazas de caldo de verduras

4 dientes de ajo picados

Una pizca de sal marina y pimienta negra

10 onzas de leche de coco en lata

1 taza de agua

1 y ½ tazas de lentejas rojas

Direcciones:

Ponga las batatas en su olla de cocción lenta.

Agregue el cilantro, el chile en polvo, la cebolla, el caldo, el ajo, la sal y la pimienta, revuelva, tape y cocine a fuego alto durante 3 horas.

Añadir las lentejas, remover, tapar y cocer durante 1 hora y 30 minutos.

Añadir el agua y la leche de coco, remover bien, repartir en cuencos y servir enseguida.

Que lo disfrutes.

Nutrición: calorías 300, grasa 10, fibra 8, carbohidratos 16, proteínas 10

Pizza increíblemente sabrosa

Tiempo de preparación: 1 hora y 10 minutos

Tiempo de cocción: 1 hora y 45 minutos

Porciones: 3

Ingredientes:

Para la masa:

½ cucharadita de condimento italiano

1 y ½ tazas de harina de trigo integral

1 y ½ cucharaditas de levadura instantánea

1 cucharada de aceite de oliva

Una pizca de sal

½ taza de agua tibia

Spray de cocina

Para la salsa:

¼ de taza de aceitunas verdes, sin hueso y en rodajas

¼ de taza de aceitunas kalamata, sin hueso y en rodajas

½ taza de tomates triturados

1 cucharada de perejil picado

1 cucharada de alcaparras, enjuagadas

¼ de cucharadita de ajo en polvo

¼ de cucharadita de albahaca seca

¼ de cucharadita de orégano seco

¼ de cucharadita de azúcar de palma

¼ de cucharadita de copos de pimienta roja

Una pizca de sal y pimienta negra

½ taza de mozzarella de anacardo, rallada

Direcciones:

En su procesador de alimentos, mezcle la levadura con el condimento italiano, una pizca de sal y la harina.

Añadir el aceite y el agua y mezclar bien hasta obtener una masa.

Pasar la masa a una superficie de trabajo enharinada, amasar bien, pasarla a un bol engrasado, taparla y dejarla reposar durante 1 hora.

Mientras tanto, en un tazón, mezcle las aceitunas verdes con las aceitunas kalamata, los tomates, el perejil, las alcaparras, el ajo en polvo, el orégano, el azúcar, la sal, la pimienta y las hojuelas de pimienta y revuelva bien.

Transfiera la masa de pizza a una superficie de trabajo de nuevo y aplánela.

Dale forma para que quepa en tu olla de cocción lenta.

Engrasa tu olla de cocción lenta con spray de cocina y añade la masa.

Presione bien el fondo.

Repartir la mezcla de la salsa por todo, tapar y cocinar a fuego alto durante 1 hora y 15 minutos.

Esparcir la mozzarella vegana por todo, tapar de nuevo y cocinar a fuego alto durante 30 minutos más.

Deje que la pizza se enfríe antes de cortarla y servirla.

Nutrición: calorías 340, grasa 5, fibra 7, carbohidratos 13, proteínas 15

Sopa de alubias ricas

Tiempo de preparación: 10 minutos

Tiempo de cocción: 7 horas

Porciones: 4

Ingredientes: 1 libra de alubias blancas, 1 cebolla amarilla picada

4 dientes de ajo machacados, 2 litros de caldo de verduras

Una pizca de sal marina

Pimienta negra al gusto

2 patatas peladas y cortadas en cubos

2 cucharaditas de eneldo seco

1 taza de tomates secos picados

1 libra de zanahorias en rodajas, 4 cucharadas de perejil picado

Instrucciones: Ponga el caldo en su olla de cocción lenta. Añade las judías, la cebolla, el ajo, las patatas, los tomates, las zanahorias, el eneldo, la sal y la pimienta, remueve, tapa y cocina a fuego lento durante 7 horas. Remueve la sopa, añade el perejil, divídela en cuencos y sírvela. Que aproveche.

Nutrición: calorías 250, grasa 4, fibra 3, carbohidratos 9, proteínas 10

Deliciosas alubias al horno

Tiempo de preparación: 10 minutos

Tiempo de cocción: 12 horas

Porciones: 8

Ingredientes:

1 libra de alubias blancas, puestas en remojo la noche anterior y escurridas

1 taza de jarabe de arce

1 taza de bourbon

1 taza de salsa barbacoa vegana

1 taza de azúcar de palma

¼ de taza de ketchup

1 taza de agua

¼ de taza de mostaza

¼ de taza de melaza negra

¼ de taza de vinagre de sidra de manzana

¼ de taza de aceite de oliva

2 cucharadas de aminos de coco

Direcciones:

Ponga las judías en su olla de cocción lenta.

Añade el jarabe de arce, el bourbon, la salsa bbq, el azúcar, el ketchup, el agua, la mostaza, la melaza, el vinagre, el aceite y los aminos de coco.

Remover todo, tapar y cocinar a fuego lento durante 12 horas.

Dividir en cuencos y servir.

Que lo disfrutes.

Nutrición: calorías 430, grasa 7, fibra 8, carbohidratos 15, proteínas 19

Lentejas indias

Tiempo de preparación: 10 minutos

Tiempo de cocción: 3 horas

Porciones: 4

Ingredientes:

1 pimiento amarillo picado

1 batata picada

2 y ½ tazas de lentejas ya cocidas

4 dientes de ajo picados

1 cebolla amarilla picada

2 cucharaditas de comino molido

15 onzas de salsa de tomate en lata

½ cucharadita de jengibre molido

Una pizca de pimienta de cayena

1 cucharada de cilantro molido

1 cucharadita de cúrcuma molida

2 cucharaditas de pimentón

2/3 de taza de caldo de verduras

1 cucharadita de garam masala

Una pizca de sal marina

Pimienta negra al gusto

Zumo de 1 limón

Direcciones:

Ponga el caldo en su olla de cocción lenta.

Añadir la patata, las lentejas, la cebolla, el ajo, el comino, el pimiento, la salsa de tomate, la sal, la pimienta, el jengibre, el cilantro, la cúrcuma, el pimentón, la cayena, el garam masala y el zumo de limón.

Revuelva, tape y cocine a fuego alto durante 3 horas.

Vuelve a remover la mezcla de lentejas, divídela en cuencos y sírvela.

Que lo disfrutes.

Nutrición: calorías 300, grasa 6, fibra 5, carbohidratos 9, proteínas 12

Deliciosa sopa de calabaza

Tiempo de preparación: 10 minutos

Tiempo de cocción: 6 horas

Porciones: 8

Ingredientes:

1 manzana, sin corazón, pelada y picada

½ libra de zanahorias picadas

1 libra de calabaza, pelada y cortada en cubos

1 cebolla amarilla picada

Una pizca de sal marina

Pimienta negra al gusto

1 hoja de laurel

3 tazas de caldo de verduras

14 onzas de leche de coco en lata

¼ de cucharadita de salvia seca

Direcciones:

Ponga el caldo en su olla de cocción lenta.

Añadir la calabaza de manzana, las zanahorias, la cebolla, la sal, la pimienta y la hoja de laurel.

Remover, tapar y cocinar a fuego lento durante 6 horas.

Páselo a la batidora, añada la leche de coco y la salvia y pulse muy bien.

Servir en tazones y enseguida.

Que lo disfrutes.

Nutrición: calorías 200, grasas 3, fibra 6, carbohidratos 8, proteínas 10

Increíble guiso de setas

Tiempo de preparación: 10 minutos

Tiempo de cocción: 8 horas

Porciones: 4

Ingredientes:

2 dientes de ajo picados

1 tallo de apio picado

1 cebolla amarilla picada

1 y ½ tazas de tofu firme, prensado y cortado en cubos

1 taza de agua

10 onzas de champiñones picados

1 libra de guisantes, maíz y zanahorias mezclados

2 y ½ tazas de caldo de verduras

1 cucharadita de tomillo seco

2 cucharadas de harina de coco

Una pizca de sal marina

Pimienta negra al gusto

Direcciones:

Ponga el agua y el caldo en su olla de cocción lenta.

Añade el ajo, la cebolla, el apio, los champiñones, las verduras mixtas, el tofu, el tomillo, la sal, la pimienta y la harina.

Remover todo, tapar y cocinar a fuego lento durante 8 horas.

Dividir en cuencos y servir caliente.

Que lo disfrutes.

Nutrición: calorías 230, grasa 4, fibra 6, carbohidratos 10, proteínas 7

Plato sencillo de tofu

Tiempo de preparación: 10 minutos

Tiempo de cocción: 3 horas

Porciones: 6

Ingredientes:

1 paquete grande de tofu, cortado en cubos

1 cucharada de aceite de sésamo

¼ de taza de piña, cortada en cubos

1 cucharada de aceite de oliva

2 dientes de ajo picados

1 cucharada de vinagre de arroz integral

2 cucharaditas de jengibre rallado

¼ de taza de salsa de soja

5 calabacines grandes, cortados en cubos

¼ de taza de semillas de sésamo

Direcciones:

En su procesador de alimentos, mezcle el aceite de sésamo con la piña, el aceite de oliva, el ajo, el jengibre, la salsa de soja y el vinagre y bata bien.

Añade esto a tu olla de cocción lenta y mézclalo con los cubos de tofu.

Tapa y cocina en Alto durante 2 horas y 45 minutos.

Añade las semillas de sésamo y los calabacines, remueve suavemente, tapa y cocina a fuego alto durante 15 minutos.

Repartir en los platos y servir.

Que lo disfrutes.

Nutrición: calorías 200, grasas 3, fibra 4, carbohidratos 9, proteínas 10

Especial Jambalaya

Tiempo de preparación: 10 minutos

Tiempo de cocción: 6 horas

Porciones: 4

Ingredientes:

6 onzas de chorizo de soja, picado

1 y ½ tazas de costillas de apio picadas

1 taza de okra

1 pimiento verde picado

16 onzas de tomates y chiles verdes enlatados, picados

2 dientes de ajo picados

½ cucharadita de pimentón

1 y ½ tazas de caldo de verduras

Una pizca de pimienta de cayena

Pimienta negra al gusto

Una pizca de sal

3 tazas de arroz salvaje ya cocido para servir

Direcciones:

Calienta una sartén a fuego medio-alto, añade el chorizo de soja, remueve, dóralo unos minutos y pásalo a tu olla de cocción lenta.

Además, añade a tu olla de cocción lenta el apio, el pimiento, la okra, los tomates y los chiles, el ajo, el pimentón, la sal, la pimienta y la cayena.

Remueve todo, añade el caldo de verduras, tapa la olla de cocción lenta y cocina a fuego lento durante 6 horas.

Reparte el arroz en los platos, cubre cada porción con tu jambalaya vegana y sirve caliente.

Que lo disfrutes.

Nutrición: calorías 150, grasas 3, fibra 7, carbohidratos 15, proteínas 9

Deliciosa sopa de acelgas

Tiempo de preparación: 10 minutos

Tiempo de cocción: 8 horas

Porciones: 6

Ingredientes:

1 cebolla amarilla picada

1 cucharada de aceite de oliva

1 tallo de apio picado

2 dientes de ajo picados

1 zanahoria picada

1 manojo de acelgas, arrancadas

1 taza de lentejas marrones, secas

5 patatas peladas y cortadas en cubos

1 cucharada de salsa de soja

Pimienta negra al gusto

Una pizca de sal marina

6 tazas de caldo de verduras

Direcciones:

Calienta una sartén grande con el aceite a fuego medio-alto, añade la cebolla, el apio, el ajo, la zanahoria y las acelgas, remueve, cocina unos minutos y transfiere a tu olla de cocción lenta.

Además, añade las lentejas, las patatas, la salsa de soja, la sal, la pimienta y el caldo a la olla de cocción lenta, remueve, tapa y cocina a fuego lento durante 8 horas.

Dividir en cuencos y servir caliente.

Que lo disfrutes.

Nutrición: calorías 200, grasa 4, fibra 5, carbohidratos 9, proteínas 12

Tofu chino y verduras

Tiempo de preparación: 10 minutos

Tiempo de cocción: 4 horas

Porciones: 4

Ingredientes:

14 onzas de tofu extra firme, prensado y cortado en triángulos medianos

Spray de cocina

2 cucharaditas de jengibre rallado

1 cebolla amarilla picada

3 dientes de ajo picados

8 onzas de salsa de tomate

¼ de taza de salsa hoisin

¼ de cucharadita de aminos de coco

2 cucharadas de vinagre de vino de arroz

1 cucharada de salsa de soja

1 cucharada de mostaza picante

¼ de cucharadita de pimienta roja triturada

2 cucharaditas de melaza

2 cucharadas de agua

Una pizca de pimienta negra

3 tallos de brócoli

1 pimiento verde, cortado en cuadrados

2 calabacines, cortados en cubos

Direcciones:

Calienta una sartén a fuego medio-alto, añade los trozos de tofu, dóralos durante unos minutos y pásalos a tu olla de cocción lenta.

Vuelve a calentar la sartén a fuego medio-alto, añade el jengibre, la cebolla, el ajo y la salsa de tomate, remueve, saltea durante unos minutos y pásalo también a tu olla de cocción lenta.

Añada la salsa hoisin, los aminos, el vinagre, la salsa de soja, la mostaza, la pimienta roja, la melaza, el agua y la pimienta negra, remueva suavemente, tape y cocine a fuego alto durante 3 horas. Añada los calabacines, el pimiento y el brócoli, tape y cocine a fuego alto durante 1 hora más. Repartir en los platos y servir enseguida. Que aproveche.

Nutrición: calorías 300, grasa 4, fibra 8, carbohidratos 14, proteínas 13

Maravillosa sopa de maíz

Tiempo de preparación: 10 minutos

Tiempo de cocción: 8 horas y 30 minutos

Porciones: 6

Ingredientes:

2 tazas de cebolla amarilla picada

2 cucharadas de aceite de oliva

1 pimiento rojo picado

1 libra de patatas doradas, cortadas en cubos

1 cucharadita de comino molido

4 tazas de granos de maíz

4 tazas de caldo de verduras

1 taza de leche de almendras

Una pizca de sal

Una pizca de pimienta de cayena

½ cucharadita de pimentón ahumado

Cebolletas picadas para servir

Direcciones:

Calienta una sartén con el aceite a fuego medio, añade la cebolla, remuévela y saltéala durante 5 minutos y pásala a tu olla de cocción lenta.

Añade el pimiento, 1 taza de maíz, las patatas, el pimentón, el comino, la sal y la cayena, remueve, tapa y cocina a fuego lento durante 8 horas.

Licuar esto con una batidora de inmersión y luego mezclar con la leche de almendras y el resto del maíz.

Remover la sopa, tapar y cocer a fuego lento durante 30 minutos más.

Servir en tazones y con cebollas picadas por encima.

Que lo disfrutes.

Nutrición: calorías 200, grasa 4, fibra 7, carbohidratos 13, proteínas 16

Guiso de guisantes negros

Tiempo de preparación: 10 minutos

Tiempo de cocción: 4 horas

Porciones: 8

Ingredientes:

3 tallos de apio picados

2 zanahorias, cortadas en rodajas

1 cebolla amarilla picada

1 batata, cortada en cubos

1 pimiento verde picado

3 tazas de guisantes de ojo negro, remojados durante 8 horas y escurridos

1 taza de puré de tomate

4 tazas de caldo de verduras

Una pizca de sal

Pimienta negra al gusto

1 chile chipotle picado

1 cucharadita de chile ancho en polvo

1 cucharadita de salvia, seca y desmenuzada

2 cucharaditas de comino molido

Cilantro picado para servir

Direcciones:

Ponga el apio en su olla de cocción lenta.

Añadir las zanahorias, la cebolla, la patata, el pimiento, los guisantes de ojo negro, el puré de tomate, la sal, la pimienta, el chile en polvo, la salvia, el chile, el comino y el caldo.

Remover, tapar y cocinar a fuego alto durante 4 horas.

Remover de nuevo el guiso, repartirlo en cuencos y servirlo con cilantro picado por encima.

Que lo disfrutes.

Nutrición: calorías 200, grasa 4, fibra 7, carbohidratos 9, proteínas 16

Cassoulet de judías blancas

Tiempo de preparación: 10 minutos

Tiempo de cocción: 6 horas

Porciones: 4

Ingredientes:

2 tallos de apio picados

3 puerros, cortados en rodajas

4 dientes de ajo picados

2 zanahorias picadas

2 tazas de caldo de verduras

15 onzas de tomates enlatados, picados

1 hoja de laurel

1 cucharada de condimento italiano

30 onzas de alubias blancas en lata, escurridas

Para el pan rallado:

Ralladura de 1 limón

1 diente de ajo picado

2 cucharadas de aceite de oliva

1 taza de pan rallado vegano

¼ de taza de perejil picado

Direcciones:

Calentar una sartén con un chorrito del caldo de verduras a fuego medio, añadir el apio y los puerros, remover y cocinar durante 2 minutos.

Añadir las zanahorias y el ajo, remover y cocinar durante 1 minuto más.

Añade esto a tu olla de cocción lenta y mézclalo con el caldo, los tomates, la hoja de laurel, el condimento italiano y las judías.

Remover, tapar y cocinar a fuego lento durante 6 horas.

Mientras tanto, calienta una sartén con el aceite a fuego medio-alto, añade el pan rallado, la ralladura de limón, 1 diente de ajo y el perejil, remueve y tuesta durante un par de minutos.

Dividir la mezcla de alubias blancas en cuencos, espolvorear la mezcla de pan rallado por encima y servir.

Que lo disfrutes.

Nutrición: calorías 223, grasas 3, fibra 7, carbohidratos 10, proteínas 7

Plato ligero de jaca

Tiempo de preparación: 10 minutos

Tiempo de cocción: 6 horas

Porciones: 4

Ingredientes:

40 onzas de jaca verde en salmuera, escurrida

½ taza de néctar de agave

½ taza de salsa tamari sin gluten

¼ de taza de salsa de soja

1 taza de vino blanco

2 cucharadas de jengibre rallado

8 dientes de ajo picados

1 pera, sin corazón y picada

1 cebolla amarilla picada

½ taza de agua

4 cucharadas de aceite de sésamo

Direcciones:

Ponga la jaca en su olla de cocción lenta.

Añade el néctar de agave, la salsa tamari, la salsa de soja, el vino, el jengibre, el ajo, la pera, la cebolla, el agua y el aceite.

Remover bien, tapar y cocinar a fuego lento durante 6 horas.

Dividir la mezcla de jackfruit en cuencos y servir.

Que lo disfrutes.

Nutrición: calorías 160, grasa 4, fibra 1, carbohidratos 10, proteínas 3

Curry vegetariano

Tiempo de preparación: 10 minutos

Tiempo de cocción: 4 horas

Porciones: 4

Ingredientes:

1 cucharada de jengibre rallado

14 onzas de leche de coco en lata

Spray de cocina

16 onzas de tofu firme, prensado y cortado en cubos

1 taza de caldo de verduras

¼ de taza de pasta de curry verde

½ cucharadita de cúrcuma

1 cucharada de azúcar de coco

1 cebolla amarilla picada

1 y ½ taza de pimiento rojo picado

Una pizca de sal

¾ de taza de guisantes

1 berenjena picada

Direcciones:

Ponga la leche de coco en su olla de cocción lenta.

Añade el jengibre, el caldo, la pasta de curry, la cúrcuma, el azúcar, la cebolla, el pimiento, la sal, los guisantes y los trozos de berenjena, remueve, tapa y cocina a fuego alto durante 4 horas.

Mientras tanto, rocía una sartén con aceite en aerosol y caliéntala a fuego medio-alto.

Añade los trozos de tofu y dóralos unos minutos por cada lado.

Repartir el tofu en cuencos, añadir la mezcla de curry cocinada lentamente por encima y servir.

Que lo disfrutes.

Nutrición: calorías 200, grasa 4, fibra 6, carbohidratos 10, proteínas 9

Hamburguesas y bocadillos

Sándwich de garbanzos picantes

Tiempo de preparación: 10 minutos

Tiempo de cocción: 40 minutos

Porciones: 4

Ingredientes:

Pasas (.25 C.)

Hojas de espinacas (.50 C.)

Cebolla roja (.50)

Pimiento rojo (.50)

Comino molido (.50 t.)

Cúrcuma (.25 t.)

Garam Masala en polvo (1 cucharada)

Aceite de oliva (2 cucharadas)

Ajo (1)

Garbanzos (14 Oz.)

Cilantro fresco (4 cucharadas)

Sal (.25 t.)

Pan (8 rebanadas)

Direcciones:

Para empezar, querrás sacar tu batidora. Cuando esté lista, añade los garbanzos, el aceite de oliva, el zumo de un limón y el diente de ajo. Mezcla todo hasta que los ingredientes formen una pasta gruesa.

Una vez hecha la pasta de garbanzos, pásala a un bol y mezcla el comino en polvo, la cúrcuma y el curry en polvo. Remueve bien todo para asegurarte de que no hay trozos en la pasta de garbanzos.

A continuación, añada a la pasta la cebolla y el pimiento rojo picados. En este punto, también puede añadir el cilantro picado y las pasas. Si lo desea, también puede sazonar con sal y zumo de limón en este momento.

Por último, coge tu pan, unta la mezcla de garbanzos, cubre con unas hojas de espinacas y ¡disfruta de un buen sándwich lleno de proteínas!

La nutrición:

Calorías: 280 Proteínas: 8g Grasas: 8g

Carbohidratos: 48g Fibras: 8g

Sándwich de tofu picante al horno

Tiempo de preparación: 10 minutos

Tiempo de cocción: 45 minutos

Porciones: 4

Ingredientes:

Pan integral (8)

Jarabe de arce (1 cucharada)

Pasta de miso blanco (1 cucharada)

Pasta de tomate (1 cucharada)

Humo líquido (1 pizca)

Salsa de soja (1 cucharada)

Comino (1 t.)

Pimentón (.50 t.)

Salsa de Chipotles en Adobo (1 t.)

Caldo de verduras (1 C.)

Tofu (16 Oz.)

Tomate (1)

Cebolla roja picada (.25 C.)

Tabasco (1 pizca)

Cal (1)

Comino (.25 t.)

Chili en polvo (.25 t.)

Cilantro (.25 t.)

Cilantro (.25 C.)

Aguacate (1)

Pimienta negra molida (.25 t.)

Ajo (2)

Cal (.50)

Direcciones:

Para preparar esta receta, deberá preparar el tofu la noche anterior. Para empezar, querrá prensar el tofu durante unas horas. Una vez hecho esto, corte el tofu en ocho rebanadas y colóquelas en el congelador.

Cuando esté listo, es el momento de hacer la marinada para el tofu. Para ello, coge un bol y mezcla el caldo de verduras, la pasta de tomate, el sirope de arce y todas las especias de la lista anterior. Asegúrate de removerlo todo para que las especias se extiendan por el caldo de verduras. Una vez que esté mezclado, añada las rodajas de tofu descongeladas y remójelas durante unas horas.

Una vez marinado el tofu, calienta el horno a 425 grados. Cuando el horno esté caliente, coloque el tofu en una bandeja para hornear y métalo en el horno durante veinte minutos. Al final de este tiempo, el tofu debe estar bien crujiente en la parte superior y en los bordes.

Cuando el tofu esté cocido a su gusto, colóquelo sobre las rebanadas de pan con sus ingredientes favoritos. Este sándwich se puede disfrutar frío o caliente.

La nutrición:

Calorías: 390

Proteínas: 21g

Grasa: 16g

Carbohidratos: 49g

Fibras: 11g

Hamburguesas de lentejas

Tiempo de preparación: 10 minutos

Tiempo de cocción: 15 minutos

Porciones: 4

Ingredientes:

Pan rallado (2 cucharadas)

Nueces trituradas (2 cucharadas)

Salsa de soja (1 t.)

Lentejas cocidas (2 C.)

Sal (.50 t.)

Comino (.25 t.)

Levadura nutricional (.25 C.)

Direcciones:

En primer lugar, querrá cocinar sus dos tazas de lentejas. Deberá realizar esta tarea siguiendo la preparación indicada en el lateral del paquete. Una vez completado este paso, escurra las lentejas y colóquelas en un bol de tamaño medio. Cuando las lentejas estén en su lugar, tritúrelas suavemente hasta que alcancen una consistencia suave.

En este punto, querrá añadir el pan rallado, las nueces trituradas, la salsa de soja, la levadura nutricional, el comino y la sal. Asegúrese de mezclar todo y luego comience a formar sus hamburguesas. Deben ser de unas cuatro pulgadas de diámetro y sólo una pulgada de espesor.

Una vez formadas las hamburguesas, calienta una sartén mediana a fuego medio y empieza a calentarla. Una vez caliente, añada el aceite y cocine cada hamburguesa durante dos o tres minutos por cada lado. Al final, cada lado de la hamburguesa debe estar crujiente y dorado.

Por último, sírvelo en un bollo caliente con tus condimentos veganos favoritos y guarnición.

Nutrición: Calorías: 410, Proteínas: 31g, Grasas: 5g, Carbohidratos: 65g, Fibras: 33g

Dulce hamburguesa hawaiana

Tiempo de preparación: 10 minutos

Tiempo de cocción: 15 minutos

Porciones: 4

Ingredientes:

Pan rallado Panko (1 C.)

Alubias rojas (14 oz.)

Aceite vegetal (1 T.)

Boniato en dados (1,50 c.)

Ajo picado (1)

Salsa de soja (2 cucharadas)

Vinagre de sidra de manzana (3 cucharadas)

Jarabe de arce (.50 C.)

Agua (.50 C.)

Pasta de tomate (.50 C.)

Anillos de piña (4)

Sal (.25 t.)

Pimienta (.25 t.)

Cayena (.10 t.)

Comino molido (1,50 t.)

Panes de hamburguesa (4)

Opcional: Cebolla roja, tomate, lechuga, mayonesa vegana

Direcciones:

En primer lugar, debes calentar el horno a 400 grados. Mientras el horno se calienta, coge el boniato y métalo en aceite. Una vez completado este paso, coloca los trozos de boniato en una sola capa en una bandeja para hornear. Una vez hecho esto, mete la bandeja en el horno y cocina durante unos veinte minutos. A mitad de camino, dar la vuelta a los trozos para asegurarse de que el boniato se cocine por completo. Una vez hecho esto, retire la bandeja del horno y deje que el boniato se enfríe un poco.

A continuación, saca tu procesador de alimentos. Cuando esté listo, añada las judías, los boniatos, el pan rallado, la cayena, el comino, la salsa de soja, el ajo y los trozos de cebolla. Una vez en su sitio, comience a pulsar los ingredientes hasta que tenga una mezcla finamente picada. Mientras lo hace, sazone la "masa" con pimienta y sal al gusto. Ahora, forme la masa en cuatro hamburguesas.

Cuando las hamburguesas estén formadas, comience a calentar una sartén grande a fuego medio. A medida que la sartén se calienta, coloque el aceite y luego ase cada lado de las hamburguesas. Normalmente, esto tomará de cinco a seis minutos en cada lado. Sabrá que la hamburguesa está bien cocinada cuando esté dorada por cada lado.

Ahora sólo tienes que montar tu hamburguesa. Si quieres, prueba a hornear los anillos de piña: ¡tres minutos por cada lado deberían ser suficientes! Cubre tu hamburguesa con lechuga, tomate y mayonesa vegana para darle más sabor.

La nutrición:

Calorías: 460

Proteínas: 15g

Grasa: 12g

Carbohidratos: 80g

Fibras: 6g

Hamburguesas de tofu y vegetales

Tiempo de preparación: 20 minutos

Tiempo de cocción: 8 minutos

Raciones: 2

Ingredientes

Patties

½ taza de tofu firme, prensado y escurrido

1 zanahoria mediana, pelada y rallada

1 cucharada de cebolla picada

1 cucharada de cebolleta picada

1 cucharada de perejil fresco picado

½ diente de ajo, picado

2 cucharaditas de salsa de soja baja en sodio

1 cucharada de harina de maíz

1 cucharadita de copos de levadura nutricional

½ cucharadita de mostaza de Dijon

1 cucharadita de pimentón

¼ de cucharadita de cúrcuma molida

½ cucharadita de pimienta negra molida

2 cucharadas de aceite de canola

Para servir

1 aguacate pequeño, pelado, sin hueso y en rodajas

½ taza de tomates cherry, cortados por la mitad

2 tazas de verduras frescas

Cómo prepararse

Para las hamburguesas: en un bol, añadir el tofu y con un tenedor, aplastar bien.

Añadir el resto de los ingredientes (excepto el aceite) y mezclar hasta que estén bien combinados.

Hacer 4 hamburguesas del mismo tamaño con la mezcla.

Calentar el aceite en una sartén a fuego lento y cocinar las hamburguesas durante unos 4 minutos por lado.

Repartir el aguacate, los tomates y las verduras en los platos.

Cubrir cada plato con 2 hamburguesas y servir.

Nutrición

Calorías 342 Grasas totales 28,5 g Grasas saturadas 4 g

Colesterol 0 mg Sodio 335 mg Carbohidratos totales 17,7 g

Fibra 7,7 g Azúcar 4,5 g Proteínas 10 g

Hamburguesas de trigo sarraceno

Tiempo de preparación: 20 minutos

Tiempo de cocción: 45 minutos

Tiempo total: 1 hora y 5 minutos

Raciones: 2

Ingredientes

Patties

¾ de taza de trigo sarraceno seco

1½ tazas de agua

Sal, al gusto

2 cucharadas de aceite de oliva, divididas

½ cebolla amarilla grande, picada finamente

½ zanahoria grande, pelada y rallada

½ tallo de apio, picado finamente

1 hoja de col rizada fresca, sin las costillas duras y picada finamente

1 boniato grande cocido, triturado

2 cucharadas de mantequilla de almendras

2 cucharadas de salsa de soja baja en sodio

Para servir

3 tazas de verduras frescas

1 taza de tomates cherry cortados por la mitad

1 taza de col morada, rallada

1 pimiento amarillo, sin semillas y en rodajas

Cómo prepararse

Precalentar el horno a 350ºF y forrar una bandeja para hornear con papel pergamino.

Para las empanadas: calentar una sartén antiadherente a fuego medio y tostar el trigo sarraceno durante unos 5 minutos, removiendo continuamente.

Añadir el agua y la sal y llevar a ebullición a fuego fuerte.

Reduzca el fuego a bajo y cocine, tapado, durante unos 15 minutos o hasta que se haya absorbido toda el agua.

Mientras tanto, calentar 1 cucharada de aceite en una sartén a fuego medio y rehogar la cebolla durante unos 4-5 minutos.

Añadir la zanahoria y el apio y cocinar durante unos 5 minutos.

Incorporar el resto de los ingredientes y retirar del fuego.

Pasar la mezcla a un bol con el trigo sarraceno y remover para combinar.

Dejar que se enfríe por completo.

Hacer 4 hamburguesas del mismo tamaño con la mezcla.

Coloque las hamburguesas en la bandeja de horno preparada en una sola capa y hornee durante unos 20 minutos por lado.

Repartir las verduras, los tomates, la col y el pimiento en los platos de servicio.

Poner en cada plato 2 hamburguesas y servir

Nutrición

Calorías 588 Grasas totales 25,2 g Grasas saturadas 3,1 g

Colesterol 0 mg Sodio 1000 mg Carbohidratos totales 84,8 g

Fibra 15,4 g Azúcar 16,4 g Proteínas 16,7 g

Recetas para la cena

Tofu al curry verde

Tiempo de preparación: 10 minutos

Tiempo de cocción: 15 minutos

Porciones: 1

Ingredientes:

Zumo de lima (1 cucharada)

Salsa Tamari (1 cucharada)

Castañas de agua (8 oz.)

Judías verdes (1 C.)

Sal (.50 t.)

Caldo de verduras (.50 C.)

Leche de coco (14 oz.)

Garbanzos (1 C.)

Pasta de curry verde (3 cucharadas)

Edamame congelado (1 C.)

Dientes de ajo (2)

Jengibre (1 pulgada)

Aceite de oliva (1 t.)

Cebolla picada (1)

Tofu extrafuerte (8 oz.)

Arroz Basmati Integral (1 C.)

Direcciones:

Para empezar, querrá cocinar su arroz según la preparación del paquete. Puede hacerlo en una olla arrocera o simplemente en la parte superior de la estufa.

A continuación, prepara el tofu. Puedes sacar el tofu del paquete y colocarlo en un plato. Una vez colocado, pon otro plato encima y algo pesado para poder empezar a escurrir el tofu. Una vez preparado el tofu, córtalo en cubos de media pulgada.

A continuación, coge una sartén de tamaño medio y ponla a fuego medio. Mientras la sartén se calienta, pon el aceite de oliva. Cuando el aceite de oliva empiece a chisporrotear, añada las cebollas y cocínelas hasta que adquieran un bonito color translúcido. Normalmente, este proceso durará unos cinco minutos. Cuando las cebollas estén listas, añade el ajo y el jengibre. Con ellos, cocine los ingredientes durante otros dos o tres minutos.

Una vez realizado este último paso, añade la pasta de curry y el edamame. Cocina estos dos ingredientes hasta que el edamame deje de estar congelado.

Con esto listo, ahora añadirás el tofu en cubos, los garbanzos, el caldo de verduras, la leche de coco y la sal. Cuando todo esté en su sitio, pon la olla a hervir a fuego lento. A continuación, añade las castañas de agua y las judías verdes y cocina durante un total de cinco minutos.

Cuando todos los ingredientes estén cocidos, puedes retirar la sartén del fuego y repartir la comida en cuencos. Para darle más sabor, prueba a añadir tamari, zumo de lima o salsa de soja. Esta receta es excelente servida sobre arroz o cualquier otra guarnición.

Nutrición: Calorías: 760, Proteínas: 23g, Grasas: 38g

Carbohidratos: 89g, Fibras: 9g

Guiso proteico de cacahuetes africano

Tiempo de preparación: 10 minutos

Tiempo de cocción: 30 minutos

Porciones: 4

Ingredientes:

Arroz Basmati (1 paquete)

Cacahuetes tostados (.25 C.)

Espinacas pequeñas (2 c.)

Garbanzos (15 Oz.)

Chili en polvo (1,50 t.)

Caldo de verduras (4 C.)

Mantequilla de cacahuete natural (.33 C.)

Pimienta (.25 t.)

Sal (.25 t.)

Tomates en cubos (28 oz.)

Batata picada (1)

Jalapeño picado (1)

Pimiento rojo en dados (1)

Cebolla dulce (1)

Aceite de oliva (1 t.)

Direcciones:

En primer lugar, querrá cocinar la cebolla. Para ello, calienta el aceite de oliva en una cacerola grande a fuego medio. Una vez que el aceite de oliva esté chisporroteando, añada la cebolla y cocínela durante unos cinco minutos. La cebolla se volverá translúcida cuando esté bien cocida.

Una vez hecha la cebolla, añada los tomates enlatados, el boniato cortado en dados, el jalapeño y los pimientos. Cocine todos estos ingredientes a fuego medio o alto durante unos cinco minutos. Si lo desea, puede sazonar estas verduras con sal y pimienta.

Mientras las verduras se cocinan, querrás hacer tu salsa. Para ello, coge un bol y mezcla una taza de caldo de verduras con la mantequilla de cacahuete. Asegúrate de mezclar bien para que no queden grumos. Una vez hecho esto, vierta la salsa en la cacerola junto con tres tazas más de caldo de verduras. En este punto, querrá sazonar el plato con cayena y chile en polvo.

A continuación, tape la sartén y reduzca a fuego lento. Deja que estos ingredientes se cocinen a fuego lento durante unos diez o veinte minutos. Al final de este tiempo, el boniato debería estar bien tierno.

Por último, añada las espinacas y los garbanzos. Remueva todo para que se mezcle. Se debe cocinar este plato hasta que las espinacas comiencen a marchitarse. Una vez más, puede añadir sal y pimienta según sea necesario.

Por último, sirve el plato sobre el arroz, adórnalo con cacahuetes y disfrútalo.

La nutrición:

Calorías: 440

Proteínas: 16g

Grasa: 13g

Carbohidratos: 69g

Fibras: 12g

Ensalada tailandesa de fideos de calabacín

Tiempo de preparación: 10 minutos

Tiempo de cocción: 35 minutos

Porciones: 4

Ingredientes:

Cacahuetes (.50 C.)

Salsa de cacahuete (.50 C.), Agua (2 T.)

Tofu extrafuerte (.50 Block)

Cebollas verdes picadas (.25 C.)

Zanahoria en espiral (1), Calabacín en espiral (3)

Instrucciones: En primer lugar, usted va a querer crear su salsa de cacahuetes. Para ello, tome un tazón pequeño y mezcle lentamente su salsa de maní con agua. Deberá agregar una cucharada a la vez para lograr el espesor que desea. A continuación, combina todos los ingredientes anteriores, menos los cacahuetes, en un bol grande. Una vez que todo esté en su sitio, añada el aderezo de la ensalada y mezcle todo para asegurar una cobertura uniforme. Por último, espolvorea los cacahuetes por encima y ¡ya está listo!

Nutrición: Calorías: 200, Proteínas: 13g, Grasas: 13g, Carbohidratos: 11g, Fibras: 5g

Estofado de guisantes y coliflor

Tiempo de preparación: 10 minutos

Tiempo de cocción: 60 minutos

Porciones: 4

Ingredientes:

Cebollas verdes (.25 C.)

Cilantro picado (.25 C.)

Sal (1,50 t.)

Garam Masala (1 t.)

Vinagre de sidra de manzana (2 t.)

Leche de coco ligera (15 oz.)

Caldo de verduras (2 C.)

Cúrcuma molida (1 t.)

Curry en polvo (3 t.)

Ajo picado (6)

Zanahorias picadas (2)

Cebolla picada (1)

Semillas de comino (1 t.)

Semillas de mostaza (1 t.)

Hojas de espinacas (3 C.)

Coliflor picada (1)

Guisantes partidos cocidos (2 c.)

Direcciones:

Antes de empezar a cocinar esta receta, querrá preparar sus guisantes partidos de acuerdo con la preparación de su paquete.

Una vez que los guisantes estén cocidos, precaliente el horno a 375 grados. Una vez caliente, coloque los trozos de coliflor picados en una bandeja para hornear y métalos en el horno durante diez o quince minutos. Al final, la coliflor debería estar tierna y ligeramente dorada.

A continuación, coloca una olla grande en el fuego y ponla a temperatura media. Mientras se calienta la olla, añada el aceite, las semillas de comino y las de mostaza. En sesenta segundos, las semillas empezarán a saltar. Asegúrese de remover los ingredientes con frecuencia para que no se quemen.

Ahora que las semillas y el aceite están calientes, puedes añadir la cebolla, el ajo, el jengibre y las zanahorias picadas. Cocínalos durante cinco minutos o hasta que la zanahoria y la cebolla estén bien blandas. Una vez que estén blandas, puedes añadir la cúrcuma y el curry en polvo. Asegúrate de mezclar todo con cuidado para que las verduras queden bien cubiertas.

Después de dejar que las verduras se impregnen de las especias durante un minuto, añada la leche de coco, los guisantes partidos y el caldo de verduras. En este momento, baja el fuego a bajo y tapa la olla. Deja que todos los ingredientes se cocinen a fuego lento durante unos veinte minutos. Mientras todo se cocina, asegúrate de remover la olla de vez en cuando para que nada se pegue al fondo.

Por último, añada el garam masala, el vinagre de manzana y la coliflor asada. Si es necesario, también puede añadir sal al gusto. Cuando estos ingredientes estén en su sitio, deja que el guiso se cocine a fuego lento durante unos diez minutos más.

Como toque final, no dudes en cubrir tu guiso con cebollas verdes y cilantro picado para darle más sabor.

Nutrición: Calorías: 700, Proteínas: 31g, Grasas: 31g, Carbohidratos: 84g, Fibras: 34g

Chili de judías negras y calabaza

Tiempo de preparación: 10 minutos

Tiempo de cocción: 15 minutos

Porciones: 4

Ingredientes:

Garbanzos (1 lata)

Frijoles negros (1 lata)

Caldo de verduras (1 C.)

Tomates (1 C.)

Puré de calabaza (1 C.)

Cebolla picada (1)

Aceite de oliva (1 cucharada)

Chili en polvo (2 cucharadas)

Comino en polvo (1 cucharada)

Sal (.25 t.)

Pimienta (.25 t.)

Direcciones:

Para comenzar, debes colocar una olla grande a fuego medio. Cuando la olla se caliente, coloque el aceite de oliva, el ajo y la cebolla picada en el fondo. Deja que esta mezcla se cocine durante unos cinco minutos o hasta que la cebolla esté blanda.

Llegados a este punto, querrás añadir los garbanzos, las alubias negras, el caldo de verduras, los tomates en conserva y la calabaza. Si no tienes caldo de verduras a mano, también puedes utilizar agua.

Con los ingredientes en su sitio, añada la mitad del chile en polvo, la mitad del comino y la sal y la pimienta según su gusto. Una vez que las especias estén en su sitio, pruebe el chile rápidamente y añada más si es necesario.

Ahora, pon la olla a hervir y remueve todos los ingredientes para asegurarte de que las especias se reparten uniformemente por todo el plato.

Por último, pon la olla a fuego lento y cocina todo durante unos veinte minutos. Cuando hayan pasado los veinte minutos, retira la olla del fuego y ¡a disfrutar!

Nutrición: Calorías: 390, Proteínas: 19g, Grasas: 8g, Carbohidratos: 65g, Fibras: 21g

Sopa de Tofu Matcha

Tiempo de preparación: 10 minutos

Tiempo de cocción: 55 minutos

Porciones: 4

Ingredientes:

Caldo de verduras (.5 0 C.)

Tofu extrafuerte (1 paquete)

Leche de coco light (13.5 Oz.)

Col rizada (5 C.)

Ajo en polvo (.25 t.)

Pimentón ahumado (.25 t)

Pimienta negra molida (.25 t.)

Mirin (1 t.)

Salsa de soja (2 cucharadas)

Cilantro (1 C.)

Matcha en polvo (2 t.)

Caldo de verduras (4 C.)

Pimienta negra molida (.25 t.)

Pimienta de Cayena (.25 t.)

Ajo (1 t.)

Ajo picado (3)

Patata picada (1)

Cebolla picada (1)

Direcciones:

Para empezar, se coloca una olla grande a fuego medio. Mientras la olla se calienta, añade un chorrito de caldo de verduras en el fondo y empieza a cocinar la patata y la cebolla picadas. Normalmente, tardarán entre ocho y diez minutos en estar blandas. Cuando las verduras estén listas, puedes añadir la pimienta negra, la pimienta de cayena, el jengibre y el ajo. Saltea estos ingredientes durante un minuto más.

Cuando estas verduras estén preparadas, puedes añadir la col rizada y cocinarla unos minutos más. Una vez que la col rizada empiece a marchitarse, añade el resto del caldo de verduras y lleva la sopa a ebullición. Una vez hirviendo, reduce el fuego, tapa la olla y cocina a fuego lento todos los ingredientes durante treinta minutos. Después de quince minutos, retira la tapa para poder añadir el matcha y el cilantro.

Una vez transcurridos los treinta minutos, retira la olla del fuego y deja que la sopa se enfríe un poco. Una vez fría, pon la mezcla en una batidora y añade suavemente la leche de coco. Bate la sopa a velocidad alta hasta conseguir una consistencia sedosa y suave para la sopa.

Por último, cocine el tofu según sus preferencias. Asegúrate de cortar el tofu en cubos y dorarlo por todos los lados. Una vez cocido, coloca el tofu en tu sopa y ¡disfruta!

Nutrición: Calorías: 450, Proteínas: 20g, Grasas: 32g, Carbohidratos: 27g, Fibras: 7g

Sopa de boniato y tomate

Tiempo de preparación: 10 minutos

Tiempo de cocción: 15 minutos

Porciones: 4

Ingredientes:

Agua o caldo de verduras (1 L.)

Puré de tomate (2 cucharadas)

Ajo (3)

Cebolla picada (1)

Lentejas rojas (1 C.)

Zanahorias picadas (3)

Batata picada (1)

Sal (.25 t.)

Pimienta (.25 t.)

Jengibre (.50 t.)

Chili en polvo (.50 t.)

Direcciones:

En primer lugar, vamos a preparar las verduras para esta receta. Para ello, precalentaremos el horno a 350 grados. Mientras el horno se calienta, querrás pelar y cortar el boniato y las zanahorias. Una vez preparados, colóquelos en una bandeja de horno y rocíelos con aceite de oliva. También puedes añadir sal y pimienta si lo deseas. Cuando estén listas, mete la bandeja en el horno durante cuarenta minutos. Al final, las verduras deben estar bien y blandas.

Mientras el boniato y las zanahorias se cuecen en el horno, pon una sartén mediana a fuego medio y empieza a cocinar el ajo y la cebolla. Después de cinco minutos más o menos, querrás añadir las lentejas cocidas, el tomate y las especias de la lista anterior. Al final, las lentejas deberían estar blandas.

Por último, se añaden todos los ingredientes a la batidora y se trituran hasta que la sopa quede perfectamente homogénea.

La nutrición:

Calorías: 350 Proteínas: 16g

Grasa: 11g Carbohidratos: 48g Fibras: 19g

Sándwich de tofu picante al horno

Tiempo de preparación: 10 minutos

Tiempo de cocción: 45 minutos

Porciones: 4

Ingredientes:

Pan integral (8)

Jarabe de arce (1 cucharada)

Pasta de miso blanco (1 cucharada)

Pasta de tomate (1 cucharada)

Humo líquido (1 pizca)

Salsa de soja (1 cucharada)

Comino (1 t.)

Pimentón (.50 t.)

Salsa de Chipotles en Adobo (1 t.)

Caldo de verduras (1 C.)

Tofu (16 Oz.)

Tomate (1)

Cebolla roja picada (.25 C.)

Tabasco (1 pizca)

Cal (1)

Comino (.25 t.)

Chili en polvo (.25 t.)

Cilantro (.25 t.)

Cilantro (.25 C.)

Aguacate (1)

Pimienta negra molida (.25 t.)

Ajo (2)

Cal (.50)

Direcciones:

Para preparar esta receta, deberás preparar el tofu la noche anterior. Para empezar, querrá prensar el tofu durante unas horas. Una vez hecho esto, corta el tofu en ocho rebanadas y colócalas en el congelador.

Cuando esté listo, es el momento de hacer la marinada para el tofu. Para ello, coge un bol y mezcla el caldo de verduras, la pasta de tomate, el sirope de arce y todas las especias de la lista anterior. Asegúrate de removerlo todo para que las especias se extiendan por el caldo de verduras. Una vez que esté mezclado, añada las rodajas de tofu descongeladas y remójelas durante unas horas.

Una vez marinado el tofu, calienta el horno a 425 grados. Cuando el horno esté caliente, coloque el tofu en una bandeja para hornear y métalo en el horno durante veinte minutos. Al final de este tiempo, el tofu debe estar bien crujiente en la parte superior y en los bordes.

Cuando el tofu esté cocido a su gusto, colóquelo sobre las rebanadas de pan con sus ingredientes favoritos. Este sándwich se puede disfrutar frío o caliente.

La nutrición:

Calorías: 390

Proteínas: 21g

Grasa: 16g

Carbohidratos: 49g

Fibras: 11g

Salteado de verduras

Tiempo de preparación: 10 minutos

Tiempo de cocción: 45 minutos

Raciones: Tres

Ingredientes:

Calabacín (.50)

Pimiento rojo (.50)

Brócoli (.50)

Col roja (1 C.)

Arroz integral (.50 C.)

Salsa Tamari (2 cucharadas)

Pimiento rojo (1)

Perejil fresco (.25 t.)

Ajo (4)

Aceite de oliva (2 cucharadas)

Opcional: Semillas de sésamo

Direcciones:

Para empezar, querrás cocer tu arroz integral según las instrucciones que vienen en el paquete. Una vez hecho este paso, coloca el arroz integral en un bol y déjalo a un lado.

A continuación, coge una sartén y pon un poco de agua en el fondo. Ponga la sartén a fuego medio y luego añada las verduras picadas. Una vez en su lugar, cocine las verduras durante cinco minutos o hasta que estén tiernas.

Cuando las verduras estén bien cocidas, añada el perejil, la cayena y el ajo. Se debe cocinar esta mezcla durante un minuto más o menos. Asegúrese de remover los ingredientes para que nada se pegue en el fondo de la sartén.

Ahora, añade el arroz y el tamari a la sartén. Cocinarás esta mezcla durante unos minutos más o hasta que todo esté caliente.

Para darle más sabor, prueba a añadir semillas de sésamo antes de disfrutar de la comida. Si te sobra algo, puedes conservar este salteado en un recipiente cerrado durante unos cinco días en la nevera.

La nutrición:

Calorías: 280 Proteínas: 10g

Grasa: 12g Carbohidratos: 38g Fibras: 6g

Sopa cremosa de tomate y lentejas

Tiempo de preparación: 10 minutos

Tiempo de cocción: 35 minutos

Porciones: 4

Ingredientes:

1 cebolla amarilla mediana, picada

2 hojas de laurel

½ cucharadita de sal marina

½ cucharadita de pimienta negra

3 tomates medianos, picados

1/3 de taza de leche de coco

1/3 de taza de pasta de tomate

1 taza de lentejas mixtas

1 taza de caldo de verduras

1 cucharadita de pimentón

3 cucharadas de aceite de oliva

Método:

Calentar el aceite en una olla mediana y, una vez caliente, añadir la cebolla. Cocínela durante 5 minutos o hasta que se ablande. Añada las lentejas, el pimentón y las hojas de laurel a la olla y cocine durante 2 minutos o hasta que estén fragantes. Añade la pasta de tomate, el caldo de verduras y el tomate picado. Llevar la mezcla de caldo a ebullición y dejarla cocer de 15 a 20 minutos. Consejo: añadir agua si parece que está seco. Pruebe para sazonar y añada más sal y pimienta si es necesario.

Antes de servirlo, vierta la leche de coco por encima. Sírvela caliente. Consejo: También puede licuar en una batidora de alta velocidad para obtener una sopa más suave.

Información nutricional por ración: Calorías: 346Kcal

Proteínas: 15g Carbohidratos: 42g Grasa: 15g

Chili Carne

Tiempo de preparación: 10 minutos

Tiempo de cocción: 40 minutos

Porciones: 6

Ingredientes:

2 tallos de apio, picados finamente

Sal y pimienta, al gusto

2 cucharadas de aceite

1 cucharadita de chile en polvo

2 zanahorias picadas

3 ½ oz. de lentejas rojas partidas

3 dientes de ajo picados

14 oz. de carne picada de soja

1 cebolla roja grande, cortada en rodajas finas

14 oz. de alubias rojas, escurridas y lavadas

1 cucharadita de comino molido

2 pimientos rojos, picados finamente

1 ¾ lb. de tomates picados

1 taza de caldo de verduras

Método:

Calentar el aceite en una sartén grande.

Cuando el aceite esté caliente, añada la cebolla, los pimientos, el ajo, la zanahoria y el apio, y saltéelos durante 3 minutos o hasta que se ablanden.

Añada el comino, el chile en polvo, la pimienta y la sal. Mezclar.

Añadir los tomates picados, la carne picada de soja, el caldo de verduras, las alubias y las lentejas. Combinar bien.

Llevar la mezcla a fuego lento.

Pruebe la sazón y añada más sal y pimienta si es necesario.

Servir caliente.

Consejo: Acompáñalo con arroz basmati y un chorrito de zumo de lima.

Información nutricional por ración: Calorías: 340Kcal

Proteínas: 25g Carbohidratos 42g Grasa: 8g

Guiso de lentejas mexicano

Tiempo de preparación: 10 minutos

Tiempo de cocción: 45 minutos

Porciones: 6

Ingredientes:

½ cucharadita de sal

1 cebolla amarilla, cortada en dados

8 tazas de caldo de verduras

1 aguacate, cortado en dados

2 zanahorias, peladas y cortadas en dados

2 tazas de lentejas (preferiblemente verdes) lavadas

1 pimiento rojo, cortado en dados

2 cucharadas de aceite de oliva virgen extra

1 cucharada de comino

2 tallos de apio, cortados en dados

Cilantro, según sea necesario, para decorar

3 dientes de ajo picados

¼ cucharadita de pimentón ahumado

2 × 4 oz. de chile verde picado

1 cucharadita de orégano

2 tazas de tomates picados

Método:

Hay que calentar el aceite en una olla grande a fuego medio.

Cuando el aceite esté caliente, añada el pimiento, la cebolla, el apio y la zanahoria.

Saltéelas durante 4 o 5 minutos o hasta que se ablanden.

A continuación, añada el ajo, el orégano, el comino y el pimentón. Mezclar y cocinar durante un minuto.

Añada las lentejas, los tomates, el chile, el caldo y la sal. Llevar la mezcla a ebullición.

Cocer a fuego lento el guiso de 30 a 40 minutos o hasta que las lentejas estén tiernas. Mantener la tapa inclinada.

Pruebe la sazón y añada más sal y pimienta si es necesario.

Sírvelo caliente.

Sugerencia: Cubra con cilantro y rodajas de aguacate.

Información nutricional por ración:

Calorías: 429Kcal

Proteínas: 25,1g

Carbohidratos: 51.9g

Grasa: 14,2g

Pastel de carne con lentejas

Tiempo de preparación: 10 minutos

Tiempo de cocción: 45 minutos

Raciones: 4 a 6

Ingredientes:

1 taza de lentejas verdes

½ cucharadita de sal

2 tazas de agua

1 cucharadita de albahaca seca

¼ de cucharadita de pimienta

1 cucharadita de aceite de oliva

1 cucharadita de ajo en polvo

2 cucharadas de semillas de lino

4 cucharadas de agua

1 taza de salsa de tomate

1 cebolla amarilla, cortada en dados

1 taza de avena cortada de acero normal

1 cucharadita de perejil seco

¼ de taza de salsa BBQ

2 cucharadas de ketchup

Método:

Hervir agua en una olla a fuego medio-alto.

Una vez hirviendo, añadir las lentejas y cocerlas durante 30 minutos o hasta que estén cocidas. Escurrir el agua y triturar las lentejas ligeramente. Pasarlas a un cuenco y dejarlas enfriar.Combinar la linaza con el agua en otro cuenco y reservar durante 15 minutos. Calentar el aceite en una sartén mediana a fuego medio.

Incorporar la cebolla y cocinarla durante 4 o 5 minutos o hasta que se ablande. A continuación, añada la cebolla y la avena a las lentejas junto con el resto de los ingredientes, excepto la salsa barbacoa y el ketchup. Remover bien hasta que todo se integre. Pasar la masa a un molde de pan bien engrasado y alisar la parte superior. Colocar la salsa de tomate y la salsa barbacoa por encima. Hornea de 43 a 45 minutos a 350°F o hasta que esté dorado y firme. Consejo: Cubra con salsa BBQ adicional si lo desea.

Información nutricional por ración: Calorías: 987Kcal

Proteínas: 34g Carbohidratos 165g Grasa: 26g

Sopa de judías negras

Tiempo de preparación: 10 minutos

Tiempo de cocción: 25 minutos

Porciones: 6

Ingredientes:

4 tazas de frijoles negros, cocidos

1 cebolla mediana, cortada en dados

14 ½ oz. de tomates picados

2 dientes de ajo picados

4 tazas de caldo de verduras

1 cucharadita de comino

1 pimiento rojo, cortado en dados

½ cucharadita de orégano seco

½ cucharadita de sal

½ cucharadita de pimentón ahumado

Método:

Comienza calentando una olla a fuego medio-alto.

Cuando esté caliente, añada la cebolla, el pimiento rojo y el ajo junto con ¼ de taza de agua.

Cocinar durante 6 minutos o hasta que las verduras se hayan ablandado

Añada el condimento y cocine durante otros 2 minutos

Añade las alubias, el caldo de verduras y el tomate a la barbacoa. Combine.

Llevar la mezcla de caldo a ebullición y bajar el fuego a fuego lento.

Déjelo cocer a fuego lento durante 20 minutos.

Por último, vierta la sopa en una batidora de alta velocidad.

Sugerencia: Cubra con más salsa barbacoa.

Información nutricional por ración:

Calorías: 987Kcal

Proteínas: 34g

Carbohidratos: 165g

Pasta con setas

Tiempo de preparación: 10 minutos

Tiempo de cocción: 30 minutos

Porciones: 6

Ingredientes:

2 cebollas verdes, cortadas en rodajas finas

12 oz. de champiñones mixtos, cortados en rodajas finas

1 lb. de linguini

3 dientes de ajo, picados finamente

½ cucharadita de sal

¼ de taza de levadura nutricional

6 cucharadas de aceite

¾ cucharadita de pimienta negra molida

Método:

Cocer los linguini siguiendo las instrucciones del paquete.

Una vez cocida la pasta, reservar ¾ de taza del agua de la pasta. Escurre el agua restante y pasa la pasta cocida a una olla.

Poner el aceite en una cacerola grande y calentarlo a fuego medio-alto.

Incorporar las setas y el ajo.

Saltear durante 4 minutos o hasta que las setas estén tiernas. Remover con frecuencia.

Combine las setas con el linguini, la levadura nutricional, la sal, la pimienta y ¾ de taza de agua. Mezcle hasta que todo se una.

Adórnalo con cebollas verdes. Consejo: Puedes probar a añadir pimientos a este plato.

Información nutricional por ración: Calorías: 430Kcal

Proteínas: 15g Carbohidratos: 62g Grasa: 15g

Pasta Alfredo al limón

Tiempo de preparación: 10 minutos

Tiempo de cocción: 35 minutos

Porciones: 4

Ingredientes:

3 cucharadas de almendras, escaldadas y cortadas en rodajas

12 oz. de pasta sin huevo

1 cucharadita de ralladura de limón, finamente rallada

2 tazas de leche de almendras, sin endulzar

2 cucharadas de aceite de oliva virgen extra

4 oz. de queso crema de soja

3 dientes de ajo picados

Sal y pimienta negra, según sea necesario

3 cucharadas de levadura nutricional más para decorar

½ taza de perejil fresco picado

Método:

Cocer la pasta en una olla con agua hirviendo a fuego medio-alto siguiendo las instrucciones del paquete. Escurrir el agua, reservando 1 taza del agua de la pasta.

Poner en la batidora la levadura nutricional, ¼ de cucharadita de pimienta, la leche de almendras, una cucharadita de sal, el queso crema de soja y las almendras.

Licuar durante 2 minutos o hasta que esté suave.

Ponga el aceite y el ajo en una sartén grande y caliéntelo a fuego medio-alto.

Cocinar durante un minuto o hasta que el ajo sea aromático.

Incorporar la mezcla de leche de almendras junto con ½ taza del agua de la pasta reservada.

Llevar la mezcla a un hervor suave y dejarla cocer a fuego lento de 6 a 8 minutos o hasta que esté espesa y cremosa. Retire la sartén del fuego y añada la pasta. Mezclar bien. Consejo: Si parece demasiado espesa, añadir un poco de agua. Pasar la mezcla a los cuencos de servir y decorar con perejil y levadura nutricional. Consejo: En lugar de almendras, también se pueden utilizar nueces.

Información nutricional por ración: Calorías: 520Kcal

Proteínas: 22g Carbohidratos 74g Grasa: 15g

Postres y aperitivos

Barras de pan de plátano y nueces

Tiempo de preparación: 5 minutos

Tiempo de cocción: 30 minutos

Porciones: 9 barras

Ingredientes

Spray antiadherente para cocinar (opcional)

2 plátanos grandes y maduros

1 cucharada de jarabe de arce

½ cucharadita de extracto de vainilla

2 tazas de copos de avena a la antigua usanza

½ cucharadita de sal

¼ de taza de nueces picadas

Direcciones:

Precalentar el horno a 350ºf. Cubre ligeramente un molde para hornear de 9 por 9 pulgadas con spray antiadherente para cocinar (si lo usas) o forra con papel pergamino para hornear sin aceite.

En un cuenco mediano, machacar los plátanos con un tenedor. Añadir el jarabe de arce y el extracto de vainilla y mezclar bien. Añadir la avena, la sal y las nueces, mezclando bien.

Transfiera la masa al molde y hornee de 25 a 30 minutos, hasta que la parte superior esté crujiente. Deje enfriar completamente antes de cortar en 9 barras. Pasarlas a un recipiente hermético o a una bolsa de plástico grande.

Nutrición (1 barrita): calorías: 73; grasas: 1g; proteínas: 2g; hidratos de carbono: 15g; fibra: 2g; azúcar: 5g; sodio: 129mg

Rollos de limón, coco y cilantro

Tiempo de preparación 30 minutos Tiempo de enfriamiento: 30 minutos

Porciones: 16 piezas

Ingredientes

½ taza de cilantro fresco picado

1 taza de brotes (trébol, alfalfa)

1 diente de ajo prensado

2 cucharadas de nueces de Brasil o almendras molidas

2 cucharadas de coco laminado

1 cucharada de aceite de coco

Una pizca de pimienta de cayena

Una pizca de sal marina

Una pizca de pimienta negra recién molida

Ralladura y zumo de 1 limón

2 cucharadas de linaza molida

1 o 2 cucharadas de agua

2 wraps de trigo integral o de maíz

Direcciones:

Ponga todo menos las envolturas en un procesador de alimentos y pulse para combinar. O combine los ingredientes en un bol grande. Añadir el agua, si es necesario, para ayudar a la mezcla a unirse.

Extiende la mezcla sobre cada envoltorio, enróllalo y métela en la nevera durante 30 minutos para que se cuaje.

Saque los panecillos de la nevera y córtelos en 8 trozos para servirlos como aperitivo o como acompañamiento de una sopa o un guiso.

Consiga el mejor sabor comprando nueces de Brasil o almendras enteras y crudas, tostándolas ligeramente en una sartén seca o en el horno tostador, y moliéndolas después en un molinillo de café.

Nutrición (1 pieza) calorías: 66; grasa total: 4g; carbohidratos: 6g; fibra: 1g; proteínas: 2g

Almendras al tamari

Tiempo de preparación: 5 minutos

Tiempo de cocción: 15 minutos

Porciones: 8

Ingredientes

1 libra de almendras crudas

3 cucharadas de tamari o salsa de soja

2 cucharadas de aceite de oliva virgen extra

1 cucharada de levadura nutricional

1 ó 2 cucharaditas de chile en polvo, al gusto

Instrucciones: Precalentar el horno a 400ºf. Forrar una bandeja para hornear con papel pergamino. En un tazón mediano, combine las almendras, el tamari y el aceite de oliva hasta que estén bien cubiertas. Esparcir las almendras en la bandeja para hornear preparada y asarlas de 10 a 15 minutos, hasta que se doren. Deje enfriar durante 10 minutos y luego sazone con la levadura nutricional y el chile en polvo. Pasar a un frasco de vidrio y cerrar bien con una tapa.

Nutrición: calorías: 364; grasa: 32g; proteína: 13g; carbohidratos: 13g; fibra: 7g; azúcar: 3g; sodio: 381mg

Bocados de tacos de tempeh

Tiempo de preparación: 5 minutos

Tiempo de cocción: 45 minutos

Porciones: 3 docenas

Ingredientes

8 onzas de tempeh

3 cucharadas de salsa de soja

2 cucharaditas de comino molido

1 cucharadita de chile en polvo

1 cucharadita de orégano seco

1 cucharada de aceite de oliva

1/2 taza de cebolla finamente picada

2 dientes de ajo picados

Sal y pimienta negra recién molida

2 cucharadas de pasta de tomate

1 chile chipotle en adobo, finamente picado

1/4 taza de agua caliente o caldo de verduras, hecho en casa o comprado en la tienda, más si es necesario

36 copas de pasta filo, descongeladas

1/2 taza de guacamole básico, hecho en casa o comprado en la tienda

18 tomates cherry maduros, cortados por la mitad

Preparación

En una cacerola mediana con agua hirviendo a fuego lento, cocine el tempeh durante 30 minutos. Escúrralo bien, luego píquelo finamente y póngalo en un bol. Añada la salsa de soja, el comino, el chile en polvo y el orégano. Mezclar bien y reservar.

En una sartén mediana, calentar el aceite a fuego medio. Añada la cebolla, tápela y cocínela durante 5 minutos. Incorpore el ajo y, a continuación, añada la mezcla de tempeh y cocine, removiendo, de 2 a 3 minutos. Sazone con sal y pimienta al gusto. Reservar. En un tazón pequeño, combine la pasta de tomate, el chipotle y el agua o caldo caliente. Vuelva a poner la mezcla de tempeh en el fuego y revuelva la mezcla de tomate y chile y cocine de 10 a 15 minutos, revolviendo ocasionalmente, hasta que se absorba el líquido. La mezcla debe estar bastante seca, pero si empieza a pegarse a la sartén, añada un poco más de agua caliente, 1 cucharada a la vez. Probar, ajustando los condimentos si es necesario. Retirar del fuego. Para el montaje, llene los moldes de filo hasta arriba con el relleno de tempeh, utilizando unas 2 cucharaditas de relleno en cada uno. Cubra con una cucharada de guacamole y una mitad de tomate cherry y sirva.

Croustades de setas

Tiempo de preparación: 10 minutos

Tiempo de cocción: 10 minutos

Raciones: 12 croustades

Ingredientes

12 rebanadas finas de pan integral

1 cucharada de aceite de oliva, más para pincelar el pan

2 chalotas medianas, picadas

2 dientes de ajo picados

12 onzas de champiñones blancos picados

1/4 taza de perejil fresco picado

1 cucharadita de tomillo seco

1 cucharada de salsa de soja

Preparación

Precalentar el horno a 400°f. Con un cortapastas redondo de 3 pulgadas o un vaso, cortar un círculo de cada rebanada de pan. Unte los círculos de pan con aceite y presiónelos con firmeza pero con cuidado en un molde para mini-muffins. Hornee hasta que el pan esté tostado, unos 10 minutos.

Mientras tanto, en una sartén grande, calentar la 1 cucharada de aceite a fuego medio. Añade las chalotas, el ajo y los champiñones y saltea durante 5 minutos para ablandar las verduras. Incorpore el perejil, el tomillo y la salsa de soja y cocine hasta que se absorba el líquido, unos 5 minutos más. Vierta la mezcla de champiñones en las tazas de croustade y vuelva a ponerlas en el horno de 3 a 5 minutos para que se calienten. Servir caliente.

Tomates cherry rellenos

Tiempo de preparación: 15 minutos

Tiempo de cocción: 0 minutos

Porciones: 6

Ingredientes

2 pintas de tomates cherry, sin la parte superior y sin el centro

2 aguacates, triturados

Zumo de 1 limón

½ pimiento rojo picado

4 cebollas verdes (partes blancas y verdes), finamente picadas

1 cucharada de estragón fresco picado

Una pizca de sal marina

Direcciones:

Colocar los tomates cherry abiertos hacia arriba en una fuente. En un bol pequeño, combine el aguacate, el zumo de limón, el pimiento, las cebolletas, el estragón y la sal. Remover hasta que esté bien combinado. Colocar en los tomates cherry y servir inmediatamente.

Dip picante de judías negras

Tiempo de preparación: 10 minutos

Tiempo de cocción: 0 minutos

Raciones: 2 tazas

Ingredientes

1 lata (14 onzas) de frijoles negros, escurridos y enjuagados, o 1½ tazas cocidos

Ralladura y zumo de 1 lima

1 cucharada de tamari, o salsa de soja, ¼ de taza de agua

¼ de taza de cilantro fresco, picado

1 cucharadita de comino molido

Pizca de pimienta de cayena Instrucciones: Ponga los frijoles en un procesador de alimentos (la mejor opción) o en una licuadora, junto con la ralladura y el jugo de limón, el tamari y aproximadamente ¼ de taza de agua. Bate hasta que quede suave, y luego añade el cilantro, el comino y la cayena. Si no tiene una licuadora o prefiere una consistencia diferente, simplemente páselo a un bol una vez que los frijoles se hayan hecho puré y revuelva las especias, en lugar de forzar la licuadora.

Nutrición (1 taza) calorías: 190; grasa total: 1g; carbohidratos: 35g; fibra: 12g; proteínas: 13g

Hojas de pasta de cebolla francesa

Tiempo de preparación: 10 minutos

Tiempo de cocción: 35 minutos - hace 24 hojaldres

Ingredientes

2 cucharadas de aceite de oliva

2 cebollas amarillas dulces medianas, cortadas en rodajas finas

1 diente de ajo picado

1 cucharadita de romero fresco picado

Sal y pimienta negra recién molida

1 cucharada de alcaparras

1 hoja de hojaldre vegano congelado, descongelado

18 aceitunas negras sin hueso, cortadas en cuartos

Preparación

En una sartén mediana, calentar el aceite a fuego medio. Añadir las cebollas y el ajo, sazonar con romero y sal y pimienta al gusto. Tapar y cocinar hasta que estén muy blandos, removiendo de vez en cuando, unos 20 minutos. Incorporar las alcaparras y reservar.

Precalentar el horno a 400°f. Extienda la masa de hojaldre y córtela en círculos de 2 a 3 pulgadas con un cortapastas ligeramente enharinado o un vaso. Debería obtener unas 2 docenas de círculos.

Coloque los círculos de hojaldre en las bandejas para hornear y cubra cada uno con una cucharadita colmada de la mezcla de cebolla, dando unos golpecitos para alisar la parte superior.

Cubra con 3 cuartos de aceituna, dispuestos de forma decorativa, ya sea como pétalos de flores que emanan del centro o paralelos entre sí como 3 barras.

Hornear hasta que la masa esté hinchada y dorada, unos 15 minutos. Servir caliente.

Tostadas de anacardos y pimientos rojos asados con queso

Tiempo de preparación: 15 minutos

Tiempo de cocción: 0 minutos

Raciones: De 16 a 24 tostadas

Ingredientes

2 pimientos rojos asados de bote

1 taza de anacardos sin sal

1/4 taza de agua

1 cucharada de salsa de soja

2 cucharadas de cebollas verdes picadas

1/4 taza de levadura nutricional

2 cucharadas de vinagre balsámico

2 cucharadas de aceite de oliva

Preparación

Utilice cortadores de canapés o galletas para cortar el pan en las formas deseadas de unos 5 cm de ancho. Si no tiene un cortador, utilice un cuchillo para cortar el pan en cuadrados, triángulos o rectángulos. Debería obtener de 2 a 4 piezas de cada rebanada de pan. Tostar el pan y dejarlo enfriar.

Picar groseramente 1 pimiento rojo y reservar. Cortar el pimiento restante en tiras finas o formas decorativas y reservar para la guarnición.

En una batidora o procesador de alimentos, moler los anacardos hasta obtener un polvo fino. Añadir el agua y la salsa de soja y procesar hasta que quede suave. Añadir el pimiento rojo picado y hacer un puré. Añadir las cebollas verdes, la levadura nutricional, el vinagre y el aceite y procesar hasta que quede suave y bien mezclado.

Unte una cucharada de la mezcla de pimientos en cada uno de los trozos de pan tostado y cubra decorativamente con las tiras de pimiento reservadas. Colocar en una fuente o bandeja y servir.

Patatas fritas al horno

Tiempo de preparación: 10 minutos

Tiempo de cocción: 30 minutos

Porciones: 4

Ingredientes

1 patata grande

1 cucharadita de pimentón

½ cucharadita de sal de ajo

¼ de cucharadita de azúcar vegano

¼ de cucharadita de cebolla en polvo

¼ de cucharadita de polvo de chipotle o chile en polvo

⅛ Cucharadita de sal

⅛ Cucharadita de mostaza molida

⅛ Cucharadita de pimienta de cayena molida

1 cucharadita de aceite de canola

⅛ Cucharadita de humo líquido

Direcciones:

Lavar y pelar la patata. Cortar en rodajas finas de 1/10 pulgadas (una mandolina o la cuchilla de un procesador de alimentos es útil para obtener rodajas de tamaño consistente).

Llenar un bol grande con suficiente agua muy fría para cubrir la patata. Transfiera las rodajas de patata al bol y déjelas en remojo durante 20 minutos.

Precalentar el horno a 400ºf. Forrar una bandeja para hornear con papel pergamino.

En un bol pequeño, combine el pimentón, la sal de ajo, el azúcar, la cebolla en polvo, el chipotle en polvo, la sal, la mostaza y la cayena.

Escurrir y enjuagar las rodajas de patata y secarlas con una toalla de papel.

Pasar a un bol grande.

Añada el aceite de canola, el humo líquido y la mezcla de especias al bol. Revuelva para cubrir.

Pasar las patatas a la bandeja de horno preparada.

Hornear durante 15 minutos. Dar la vuelta a las patatas fritas y hornear durante 15 minutos más, hasta que se doren. Pasar las patatas fritas a 4 recipientes de almacenamiento o a tarros de cristal grandes. Dejar enfriar antes de cerrar bien las tapas.

Nutrición: calorías: 89; grasa: 1g; proteína: 2g; carbohidratos: 18g; fibra: 2g; azúcar: 1g; sodio: 65mg

Champiñones rellenos de espinacas y nueces

Tiempo de preparación: 10 minutos

Tiempo de cocción: 6 minutos

Raciones: De 4 a 6 raciones

Ingredientes

2 cucharadas de aceite de oliva

8 onzas de setas blancas, ligeramente enjuagadas, secadas con palmaditas y con los tallos reservados

1 diente de ajo picado

1 taza de espinacas cocidas

1 taza de nueces finamente picadas

1/2 taza de pan rallado seco sin sazonar

Sal y pimienta negra recién molida

Preparación

Precalentar el horno a 400°f. Engrasar ligeramente un molde grande para hornear y reservar. En una sartén grande, calentar el aceite a fuego medio. Añadir los champiñones y cocinarlos durante 2 minutos para que se ablanden ligeramente. Retirar de la sartén y reservar.

Picar los tallos de los champiñones y añadirlos a la misma sartén. Añadir el ajo y cocinar a fuego medio hasta que se ablande, unos 2 minutos. Incorpore las espinacas, las nueces, el pan rallado y sal y pimienta al gusto. Cocine durante 2 minutos, revolviendo bien para combinar.

Rellenar los sombreros de los champiñones reservados con la mezcla del relleno y colocarlos en la bandeja del horno. Hornee hasta que los champiñones estén tiernos y el relleno esté caliente, unos 10 minutos. Servir caliente.

Salsa Fresca

Tiempo de preparación: 15 minutos

Tiempo de cocción: 0 minutos

Porciones: 4

Ingredientes

3 tomates grandes tipo heirloom u otros tomates frescos, picados

½ cebolla roja, finamente picada

½ manojo de cilantro picado

2 dientes de ajo picados

1 jalapeño picado

Zumo de 1 lima, o 1 cucharada de zumo de lima preparado

¼ de taza de aceite de oliva

Sal marina

Chips de tortilla integrales, para servir

Direcciones:

En un tazón pequeño, combine los tomates, la cebolla, el cilantro, el ajo, el jalapeño, el jugo de limón y el aceite de oliva y mezcle bien. Dejar reposar a temperatura ambiente durante 15 minutos. Sazone con sal.

Servir con chips de tortilla.

La salsa puede guardarse en un recipiente hermético en la nevera hasta 1 semana.

64. Guacamole

Tiempo de preparación: 10 minutos

Tiempo de cocción: 0 minutos

Raciones: 2

Ingredientes

2 aguacates maduros

2 dientes de ajo prensados

Ralladura y zumo de 1 lima

1 cucharadita de comino molido

Una pizca de sal marina

Una pizca de pimienta negra recién molida

Una pizca de pimienta de cayena (opcional)

Direcciones:

Triturar los aguacates en un bol grande. Añade el resto de los ingredientes y remueve para combinarlos.

Pruebe a añadir tomates cortados en dados (los cherry son divinos), cebolletas o cebollinos picados, cilantro o albahaca fresca picada, limón en lugar de lima, pimentón, o cualquier cosa que crea que puede quedar bien.

Nutrición (1 taza) calorías: 258; grasa total: 22g; carbohidratos: 18g; fibra: 11g; proteínas: 4g

Pinwheels de humus de verduras

Tiempo de preparación: 10 minutos

Tiempo de cocción: 0 minutos

Porciones: 3

Ingredientes

3 tortillas integrales, de espinacas, de harina o sin gluten

3 hojas grandes de acelga

¾ de taza de hummus de edamame o hummus preparado

¾ de taza de zanahorias ralladas

Direcciones:

Poner 1 tortilla plana en una tabla de cortar.

Colocar 1 hoja de acelga sobre la tortilla. Esparcir ¼ de taza de humus sobre las acelgas. Esparcir ¼ de taza de zanahorias sobre el humus. Empezando por un extremo de la tortilla, enrollarla bien hacia el lado opuesto. Cortar cada rollo en 6 trozos. Colóquelo en un recipiente de almacenamiento de una sola porción. Repita la operación con el resto de las tortillas y el relleno y cierre las tapas.

Nutrición: calorías: 254; grasas: 8g; proteínas: 10g; hidratos de carbono: 39g; fibra: 8g; azúcar: 4g; sodio: 488mg

Rollos de lechuga asiáticos

Tiempo de preparación: 15 minutos

Tiempo de cocción: 5 minutos

Porciones: 4

Ingredientes

2 onzas de fideos de arroz, 2 cucharadas de albahaca tailandesa picada

2 cucharadas de cilantro picado

1 diente de ajo picado, 1 cucharada de jengibre fresco picado

Zumo de ½ lima, o 2 cucharaditas de zumo de lima preparado

2 cucharadas de salsa de soja

1 pepino, cortado en juliana

2 zanahorias peladas y cortadas en juliana, 8 hojas de lechuga de mantequilla

Instrucciones: Cocer los fideos de arroz según la preparación del paquete. En un bol pequeño, bata la albahaca, el cilantro, el ajo, el jengibre, el zumo de lima y la salsa de soja. Mezcle con los fideos cocidos, el pepino y las zanahorias. Dividir la mezcla uniformemente entre las hojas de lechuga y enrollar. Asegure con un palillo y sirva inmediatamente.

Bolas de fuego de pinto-pecano

Tiempo de preparación: 5 minutos

Tiempo de cocción: 30 minutos

Raciones: unas 20 piezas

Ingredientes

1-1/2 tazas de frijoles cocidos o 1 lata (15,5 onzas) de frijoles pintos, escurridos y enjuagados

1/2 taza de nueces picadas

1/4 taza de cebollas verdes picadas

1 diente de ajo picado

3 cucharadas de harina de gluten de trigo (gluten vital de trigo)

3 cucharadas de pan rallado seco sin condimentar

4 cucharadas de tabasco u otra salsa picante

1/4 cucharadita de sal

1/8 cucharadita de cayena molida

1/4 taza de margarina vegana

Preparación

Precaliente el horno a 350°f. Engrasar ligeramente un molde para hornear de 9 x 13 pulgadas y reservar. Secar bien los frijoles escurridos con una toalla de papel, presionando el exceso de líquido. En un procesador de alimentos, combine los frijoles pintos, las pacanas, las cebollas verdes, el ajo, la harina, el pan rallado, 2 cucharadas de tabasco, la sal y la cayena. Pulse hasta que esté bien combinado, dejando algo de textura. Utilice las manos para formar bolas de una pulgada con la mezcla.

Colocar las bolas en el molde preparado y hornear hasta que estén bien doradas, entre 25 y 30 minutos, dándoles la vuelta a mitad de camino.

Mientras tanto, en una cacerola pequeña, combinar las 2 cucharadas restantes de tabasco y la margarina y derretir a fuego lento. Vierta la salsa sobre las bolas de fuego y hornee 10 minutos más. Servir inmediatamente.

Recetas para antes del entrenamiento

Chili vegano

Tiempo de preparación: 10 minutos

Tiempo de cocción: 30 minutos

Porciones: 6

Calorías: 340

Ingredientes

2 cucharadas de aceite de oliva

3 dientes de ajo picados

1 cucharadita de chile en polvo

1 cebolla roja grande, cortada en rodajas finas

2 tallos de apio, finamente picados

1 cucharadita de comino molido

2 zanahorias medianas, peladas y picadas finamente

2 pimientos rojos, cortados en trozos grandes

Sal y pimienta, al gusto

28 onzas de tomates picados en lata

14 onzas de alubias rojas, escurridas y enjuagadas

3½ onzas de lentejas rojas partidas

14 onzas de carne picada de soja congelada

2 cucharadas de caldo de verduras

Opcional:

1 cucharadita de pasta de miso

Un puñado grande de cilantro fresco, picado grueso

2 cucharadas de vinagre balsámico

Para servir:

Arroz basmati cocido

Un chorrito de zumo de lima

Cilantro extra picado

Preparación

Calentar el aceite de oliva en una cacerola grande.

Sofreír la cebolla, el ajo, la zanahoria, el apio y los pimientos durante unos minutos a fuego medio, hasta que se ablanden.

Añadir el chile en polvo, el comino, la sal y la pimienta y remover.

Añada las alubias rojas picadas, los tomates, las lentejas, el caldo de verduras y la carne picada de soja. Añade los aromatizantes adicionales, si los utilizas.

Cocer a fuego lento durante 20 minutos.

Servir con arroz basmati al vapor, un poco de cilantro fresco rasgado y un pequeño chorro de zumo de lima. Que aproveche.

Nota: Se congela bien. Manténgalo refrigerado hasta cuatro días.

La nutrición:

Calorías 340

Grasas totales 6g Grasas saturadas 2g

Carbohidratos totales 42g Fibra dietética 18g

Azúcares totales 1g Proteínas 25g

Tazones de comida de boniato

Tiempo de cocción: 25 minutos

Porciones: 4

Calorías: 230

Ingredientes

1 patata grande, cortada en trozos pequeños

3-4 cucharadas de aceite de oliva, divididas

1 cucharadita de condimento de su elección (o más al gusto)

Ajo en polvo al gusto

Sal y pimienta al gusto

1 lata de maíz dulce, escurrida

1 lata de alubias negras, escurridas y enjuagadas

Zumo de ½ lima + guirnaldas para servir

½ cucharadita de comino molido

Tiempo de preparación: 15 minutos

Preparación

Precaliente su horno a 400 grados F, mueva la rejilla del horno al tercio superior del horno.

Coloque el boniato cortado en cubos en una bandeja para hornear forrada con papel de aluminio. Espolvorear con el condimento, el ajo en polvo, la sal y la pimienta, y mezclar con dos o tres cucharadas de aceite de oliva. Asegúrese de que cada trozo esté cubierto de aceite, pero que no gotee. Hornee durante 25 minutos o hasta que estén tiernos.

Mientras tanto, añade el maíz, las judías, 1 cucharada de aceite de oliva, el zumo de lima, el comino, la sal y la pimienta (opcional) en un bol pequeño. Mezclar.

Una vez que las batatas estén listas, divídelas por igual junto con la mezcla de frijoles y maíz entre los 4 recipientes. Añade un trozo de lima a cada recipiente.

La nutrición:

Calorías 230 Grasas totales 16g Grasas saturadas 4g

Carbohidratos totales 64g Fibra dietética 14g

Azúcar total 12g Proteínas 12g

Tazones de setas marinadas con arroz salvaje y lentejas

Tiempo de preparación: 10 minutos

Tiempo de cocción: 30 minutos

Porciones: 4

Calorías: 285

Ingredientes

Setas marinadas:

¼ de taza de aceite de oliva virgen extra

2 cucharadas de vinagre de arroz sin condimentar

1 cucharadita de tamari o salsa de soja sin trigo y baja en sodio

2 cucharaditas de aceite de sésamo oscuro

1 cucharadita de aceite de chile

1 cebolla verde, cortada en rodajas finas

1 cucharada de cilantro fresco picado

8 onzas de champiñones criminales, cortados en rodajas finas

1 cucharadita de semillas de sésamo

Otros:

2 tazas de col morada cortada en rodajas finas

1 cucharada de zumo de lima fresco

Una pizca de sal

2 cucharaditas de salsa de soja baja en sodio, o (para sin gluten) tamari sin trigo, divididas

1 taza de arroz salvaje cocido

2 tazas de lentejas francesas cocidas

1 taza de pepino picado

Preparación

Para marinar el champiñón, bata el aceite de oliva, la salsa de soja, el vinagre de arroz, el aceite de sésamo y el aceite de chile en un recipiente poco profundo.

Incorpore el cilantro, la cebolla verde y las semillas de sésamo. Añada los champiñones y mézclelos suavemente con la marinada. Cubra y deje reposar 30 minutos.

Poner la col en un bol mediano y mezclarla con el zumo de lima y una pizca de sal.

Revuelva una cucharadita de la salsa de soja o tamari en las lentejas y una cucharadita en el arroz salvaje.

Para servir, coloque partes iguales de lentejas, champiñones, col, arroz salvaje y pepinos en cada uno de los cuatro tazones.

Rocíe con el resto de la marinada, adorne con cilantro picado, cebollas verdes en rodajas y semillas de sésamo negro. Servir con trozos de lima.

La nutrición:

Calorías 285

Grasas totales 10g

Grasas saturadas 2,5g

Carbohidratos totales 64g

Fibra dietética 2g

Azúcar total 16g

Proteína 19g

Tazón de granos Chirashi

Tiempo de preparación: 5 minutos

Tiempo de cocción: 15 minutos

Porciones: 3

Calorías:305

Preparación:

Ingredientes

7 cucharadas de quinoa

4 cucharadas de cebada perlada

2 onzas de lentejas

8 flores de brócoli

Un puñado de hojas de ensalada

Aderezo de ensalada con sésamo

3 onzas de tofu, cortado en dados

5 cucharadas de edamame cocido

½ aguacate, triturado

5 onzas de col roja encurtida,

1 zanahoria, cortada en rodajas finas

Berenjena al miso:

1 berenjena, cortada en dados

1 cucharada de pasta de miso blanco

1½ cucharadas de mirin

2 cucharaditas de azúcar, 2 cucharaditas de salsa de soja

Esta comida repleta de proteínas con lentejas, tofu, quinoa y edamame se combinan para ofrecer un completo abanico de aminoácidos para el desarrollo muscular. En una sartén pequeña, saltea la berenjena. Añade el mirin, el miso, la salsa de soja, el azúcar y un chorrito de agua. Cocinar los granos y las lentejas según la preparación del paquete. Cocine al vapor el brócoli o cualquier verdura rica en proteínas de su elección. Cubra con el tofu, las verduras y las judías, incluyendo una cucharada de berenjena, dispuesta en círculo, al estilo "chirashi". Disfrútelo con los palillos o el tenedor.

Nutrición: Calorías 305

Grasas totales 14g Grasas saturadas 3g Carbohidratos totales 35g

Fibra dietética 15g Azúcar total 5g Proteínas 33g

Wraps de tofu con champiñones y espinacas

Tiempo de preparación: 20 minutos

Tiempo de cocción: 20 minutos

Porciones: 1

Calorías: 305

Ingredientes

Hummus de Cilantro:

1 lata de 14 onzas de garbanzos, enjuagados y escurridos

1 cucharada de tahini

¾ cucharaditas de sal

1 cucharadita de aceite de oliva

Zumo de medio limón

1 cucharada de agua + más para diluir

4 tallos de cilantro

Hamburguesas de setas y nueces

Tiempo de preparación: 15 minutos

Tiempo de cocción: 20 minutos

Porciones: 5

Ingredientes

9 onzas de champiñones portobello

¼ de taza de cebolla roja picada

2 dientes de ajo, picados finamente o picados

1 taza de nueces, cortadas en dados pequeños

1 lata de 15 onzas de garbanzos, escurridos y secados con palmaditas

2 tazas de avena instantánea

2 cucharadas de salsa hoisin

1 cucharada de tahini o mantequilla de almendras

Calorías: 285

Preparación

Añadir 2 cucharadas de agua a una sartén grande. Suba el fuego a medio-alto, añada los champiñones portobello en rodajas. Saltear durante 5 minutos.

Añadir la cebolla y rehogar otros 5 minutos. Añadir el ajo y cocinar 2 minutos más.

Retirar del fuego, añadir a un procesador de alimentos con las nueces y los garbanzos. Añadir los copos de avena (sólo si son laminados y no instantáneos).

Procesar con pocas pulsaciones para que todos los ingredientes queden en trozos pequeños, sin trozos.

Pasar a un bol grande y añadir la tahina y la salsa hoisin. Si utiliza avena instantánea, añádala ahora también.

Mezcla bien. También puedes usar las manos y trabajarla para que se una bien.

Formar 6 hamburguesas. Puede presionarlas en una forma redonda como la de un molde para muffins ingleses o un anillo para panqueques, de unos cinco centímetros de ancho.

Freír en aceite por un lado hasta que esté crujiente, luego dar la vuelta con cuidado y dorar por el otro lado.

¡Sirve!

Nota: También puedes servir estas deliciosas hamburguesas en bollos integrales con un poco de salsa hoisin en los bollos de abajo y un poco de mayonesa vegana en la hamburguesa. Puedes añadir verduras rizadas y rodajas de cebolla roja.

La nutrición:

Calorías 285

Grasas totales 18g

Grasas saturadas 1g

Carbohidratos totales 30g

Fibra dietética 8g

Azúcar total 8g

Proteína 13g

Tempeh vegano saludable

Tiempo de preparación: 30 minutos

Tiempo de cocción: 10 minutos

Raciones: 2

Calorías: 574

Ingredientes

Tempeh marinado:

8 onzas 1 paquete de tempeh

½ taza de caldo de verduras

1 cucharada de vinagre balsámico

1 cucharada de salsa Worcestershire vegana

1 cucharadita de humo líquido

1 cucharadita de cebolla en polvo

1 cucharadita de pimentón ahumado

½ cucharadita de ajo en polvo

Otros:

4 rebanadas de pan de centeno germinado de Alvarado

½ taza colmada de chucrut

¼ de taza de aderezo ruso vegano

Queso suizo vegano opcional

2 cucharadas de aceite

1 cucharada de mantequilla vegana

Preparación

Corta el tempeh por la mitad a lo largo y luego córtalo por el medio en cuatro rodajas finas.

Combine todos los ingredientes para el adobo del tempeh en un plato llano. Añade el tempeh y déjalo marinar durante al menos 30 minutos.

Calienta una sartén grande de hierro fundido a fuego medio con dos cucharadas de aceite. Añada el tempeh y cocínelo durante unos 5 minutos por cada lado, hasta que se dore. Una vez que ambos lados estén bien dorados, añada la marinada reservada y deje que se cocine en la sartén. Esto permite que los sabores se impregnen más profundamente en el tempeh.

Unte con mantequilla cuatro rebanadas de pan de semillas de centeno germinadas. Colóquelas en la sartén y cocínelas durante 3-4 minutos, hasta que estén ligeramente doradas. Dar la vuelta al pan. En los lados no cocidos, añadir aderezo ruso a todas las rebanadas de pan. Dividir el chucrut entre dos rebanadas, cubrir con dos trozos de tempeh cocido cada uno y una rebanada de suizo vegano, si se utiliza. Añadir la segunda rebanada de pan, cocinar por cada lado durante unos 5 minutos, hasta que el pan esté dorado y todo esté uniformemente cocido.

Retirar del fuego y servir inmediatamente.

La nutrición:

Calorías 574

Grasas totales 33g

Grasas saturadas 5g

Carbohidratos totales 47g

Fibra dietética 4g

Azúcar total 5g

Proteína 26g

Pesto de brócoli con pasta y tomates cherry

Tiempo de preparación: 5 minutos

Tiempo de cocción: -20 minutos

Raciones: 2

Calorías: 239

Ingredientes

Pesto de brócoli:

½ taza de nueces

2 tazas colmadas de ramilletes de brócoli, cocidos

3 cucharadas de levadura nutricional

2 dientes de ajo

3 cucharadas de aceite de oliva

Pimienta negra

Sal

½ taza de perejil picado

Pasta:

1 taza de tomates cherry, cortados en mitades

9 onzas de pasta integral, cocida según la preparación del paquete

1 taza de ramilletes de brócoli cocidos

Preparación

Para hacer el pesto, combine los ingredientes en el bol de un procesador de alimentos. Sazone con sal y pimienta. Guárdelo en un recipiente hermético en el frigorífico hasta una semana.

Servir con la pasta integral y los tomates cherry. También puedes añadir más brócoli cocido.

La nutrición:

Calorías 239

Grasas totales 12g

Grasas saturadas 5g

Carbohidratos totales 28g

Fibra dietética 11g

Azúcar total 9g

Proteína 21g

Carne sin carne de Mongolia

Tiempo de preparación: 10 minutos

Tiempo de cocción: 20 minutos

Porciones: 6

Calorías: 324

Ingredientes

Salsa mongola:

2 cucharaditas de aceite vegetal (se recomienda el aceite de semillas de uva)

⅓ cucharadita de copos de pimienta roja

½ cucharadita de jengibre picado o rallado

3 dientes de ajo picado o rallado

2 cucharaditas de maicena

⅓ cucharadita de cinco especias chinas (opcional)

½ taza de salsa de soja baja en sodio

½ taza+2 cucharadas de azúcar de coco (o utilice ½ taza escasa de azúcar moreno)

2 cucharadas de agua fría

Seitán crujiente:

1½ cucharadas de aceite vegetal

1 libra de seitán casero (o comprado), cortado en trozos de 1 pulgada

Guarnición:

Cebolletas en rodajas (opcional)

Semillas de sésamo tostadas (opcional)

Preparación

Salsa:

Calentar el aceite vegetal en una cacerola pequeña a fuego medio. Añadir el jengibre y el ajo, removiendo constantemente. Después de 30 segundos, añada las cinco especias (si las usa) y las hojuelas de pimiento rojo, cocine durante 30-60 segundos más, hasta que estén fragantes.

Añadir la salsa de soja y el azúcar de coco, remover bien. Reducir el fuego a medio-bajo, dejar cocer hasta que el azúcar de coco se disuelva y se reduzca ligeramente, unos 5-7 minutos, removiendo de vez en cuando.

Bata la maicena y el agua fría y añádala a la sartén y remueva. Cocinar durante 2-3 minutos más, hasta que la salsa se vuelva brillante y se espese ligeramente. Reduzca el fuego al mínimo y siga cocinando a fuego lento hasta que esté lista para añadir al seitán.

Seitán:

En su sartén, caliente el aceite a fuego medio-alto. Añade el seitán y cocínalo, removiendo con frecuencia, durante 4-5 minutos o hasta que esté ligeramente dorado y crujiente en los bordes.

Reducir el fuego a bajo y añadir la salsa. Remover para cubrir todos los trozos de seitán, continuar la cocción hasta que la salsa se haya adherido al seitán. Retirar del fuego y servir caliente con arroz y verduras de su elección. Adornar con cebolletas y semillas de sésamo si se desea.

La nutrición:

Calorías 324

Grasas totales 8g

Grasas saturadas 1g

Carbohidratos totales 33g

Fibra dietética 3g

Azúcar total 19g

Proteína 29g

Sopa de lentejas mexicana

Tiempo de preparación: 15 minutos

Tiempo de cocción: 30 minutos

Porciones: 4

Calorías: 235

Ingredientes

2 cucharadas de aceite de oliva virgen extra

1 cebolla amarilla, cortada en dados

1 pimiento rojo, cortado en dados

2 zanahorias, peladas y cortadas en dados

2 tallos de apio, cortados en dados

3 dientes de ajo picados

1 cucharada de comino

¼ de cucharadita de pimentón ahumado

1 cucharadita de orégano

2 tazas de tomates cortados en cubos y sus jugos

2 latas (4 onzas) de chiles verdes picados

2 tazas de lentejas verdes, enjuagadas y recogidas

8 tazas de caldo de verduras

½ cucharadita de sal

Una pizca de salsa picante, más para servir (ajustar al gusto)

Cilantro fresco, para decorar

1 aguacate, pelado, sin hueso y cortado en dados

Direcciones:

Calentar el aceite de oliva en una olla grande a fuego medio. Añade las zanahorias, la cebolla, el apio y el pimiento. Saltear hasta que empiecen a ablandarse, unos 5 minutos. Añade el ajo, el pimentón, el comino y el orégano y saltea otro minuto. Añade los tomates, las lentejas, los chiles, el caldo y la sal. Llevar a ebullición. Cocer a fuego lento con la tapa inclinada hasta que las lentejas estén tiernas, unos 30-40 minutos. Sirve la sopa de lentejas mexicana con aguacate fresco, cilantro y unos toques de salsa picante.

Nutrición: Calorías 235 Grasas totales 9g Grasas saturadas 1g

Carbohidratos totales 32g Fibra dietética 10g Azúcar total 13g

Proteína 12g

Recetas para después del entrenamiento

Tazón de proteínas de farro

Raciones: 2

Tiempo de preparación: 10 minutos

Tiempo de cocción: 25 minutos

Ingredientes:

1/2 taza de farro, sin cocer

4 onzas de tiras de tempeh ahumado

1 taza de boniatos cortados en dados

2 tazas de verduras mixtas

12 onzas de garbanzos cocidos

1 taza de zanahorias picadas

1/3 de cucharadita de pimienta negra molida

2/3 cucharadita de sal

2 cucharadas de almendras tostadas

2 cucharaditas de aceite de oliva, divididas

1/4 de taza de humus

1 1/4 tazas de agua

4 limones, cortados en gajos

Direcciones:

Encienda el horno, póngalo a 375 grados F y déjelo precalentar.

Mientras tanto, tome un tazón mediano, coloque la batata y las zanahorias en él, rocíe con 1 cucharadita de aceite, sazone con la mitad de cada una de las sales y la pimienta negra, revuelva hasta que se mezclen y luego extienda las verduras en un tercio de una bandeja para hornear grande.

Añadir los garbanzos en el mismo bol, rociar con el aceite restante, sazonar con el resto de la sal y la pimienta negra, remover hasta que estén bien cubiertos y repartir los garbanzos en el segundo tercio de la bandeja de hornear. Disponer las tiras de tempeh en el espacio restante de la bandeja de hornear y luego asarlas, junto con los garbanzos y las verduras, durante 30 minutos, removiendo las verduras y dando la vuelta a las tiras de tempeh a mitad de camino. Mientras tanto, cocine los granos de farro y para ello, tome una olla mediana, colóquela a fuego medio-alto, agregue los granos de farro en ella, revuelva con una pizca de sal, vierta agua y lleve a ebullición. A continuación, cubra la olla con una tapa, cambie el fuego a nivel medio-bajo y cocine durante 25 minutos hasta que los granos se hayan ablandado. Cuando el farro esté cocido, distribúyalo uniformemente en dos cuencos, coloque encima el tempeh asado, los garbanzos, los boniatos y el humus, espolvoree las almendras y sírvalo con trozos de limón. Servir directamente.

Tofu Teriyaki con Quinoa

Porciones: 4

Tiempo de preparación: 10 minutos

Tiempo de cocción: 20 minutos

Ingredientes:

Para el Tofu:

2 tazas de espárragos cortados en dados

14 onzas de tofu, firme, prensado, cortado en cubos de ½ pulgada

2 cucharadas de cebollas verdes picadas

2 cucharaditas de pasta de chile rojo

1 cucharada de salsa de soja

2 cucharaditas de aceite de oliva

Para la salsa:

2 cucharadas de ajo picado

2 cucharaditas de almidón de maíz

1/2 cucharada de jengibre rallado

1/4 de taza de azúcar de coco

1 cucharada de aceite de sésamo

3 cucharadas de salsa de soja

1 ½ cucharada de vinagre de arroz

1/2 taza de agua

Para servir:

4 tazas de quinoa cocida

Instrucciones: Prepare el tofu y para ello, coja una sartén mediana, póngala a fuego medio-alto, añada 1 cucharadita de aceite de oliva y cuando esté caliente, añada los trozos de tofu y luego cocínelos durante 5 minutos hasta que se doren por todos los lados. A continuación, transfiera los trozos de tofu a un bol, rocíelos con salsa de soja, mézclelos hasta que estén cubiertos y resérvelos hasta que los necesite. Prepare la salsa y para ello, tome un bol pequeño, coloque todos sus ingredientes en él y bata hasta que se combinen. Vuelve a poner la sartén a fuego medio-alto, añade el aceite restante y cuando esté caliente, añade los espárragos y cocínalos de 5 a 7 minutos hasta que estén tiernos y crujientes. Vuelva a poner los trozos de tofu en la sartén, rocíelos con la salsa preparada, mézclelos hasta que estén bien combinados y, a continuación, cambie el fuego a nivel medio y cocine de 3 a 4 minutos hasta que la salsa haya espesado. Añada las cebollas verdes y la pasta de chile rojo, remueva hasta que se mezclen y luego retire la sartén del fuego. Retire la sartén del fuego, luego distribuya la quinoa entre los tazones de servir, cubra con el tofu y las verduras, y sirva.

Tazón de Buda

Raciones: 2

Tiempo de preparación: 10 minutos

Tiempo de cocción: 20 minutos

Ingredientes:

Para el Tazón:

8 onzas de tofu, firme, prensado,

1 ½ tazas de quinoa cocida

1 cebolla blanca mediana, pelada y cortada en rodajas

1 taza de espinacas

1 batata mediana, pelada y cortada en cubos

¼ de taza de zanahorias ralladas

1 aguacate, sin hueso, cortado en dados

1 taza de garbanzos cocidos

1 cucharadita de ajo picado

1 cucharadita de ajo en polvo

1 cucharadita de pimienta negra molida

1 cucharadita de sal

1 cucharadita de chile rojo en polvo

2 cucharadas de aceite de oliva

1 limón, exprimido

Para la marinada:

½ cucharadita de sal

1 cucharadita de salsa picante

1 cucharadita de pimentón

2 cucharaditas de tomillo seco

2 cucharadas de aceite de oliva

½ cucharadita de aceite de sésamo

Direcciones:

Encienda el horno, póngalo a 400 grados F y déjelo precalentar.

Prepara el bol y para ello, coge un bol pequeño, coloca todos sus ingredientes en él y luego bátelos hasta que se combinen.

Corte el tofu en cubos de ½ pulgada, colóquelos en un recipiente, vierta la marinada preparada, mezcle hasta que estén bien cubiertos y luego marine los trozos de tofu durante 30 minutos.

Tome una bandeja grande para hornear, coloque la cebolla, la batata y el ajo en ella, rocíe con 1 cucharada de aceite, sazone con la mitad de cada una de las pimientas negras y la sal, mezcle hasta que se combinen y luego hornee durante 20 minutos hasta que se cocinen.

Prepare los garbanzos y para ello, tome un tazón mediano, agregue los garbanzos en él, añada el resto de la sal y la pimienta negra, el ajo en polvo y el chile en polvo y revuelva hasta que se combinen.

Coge una sartén mediana, ponla a fuego medio, añade el aceite restante y cuando esté caliente, añade los garbanzos en ella y cocina durante 10 minutos hasta que estén hechos.

Pasar los garbanzos a un plato, añadir los trozos de tofu marinados en él y cocinar durante 10 minutos por cada lado hasta que se doren, reservar hasta que se necesite.

Cuando las verduras se hayan asado, coge un bol mediano y grande, añade el tofu, la quinoa, los garbanzos, las espinacas, los boniatos, el aguacate, la cebolla y las zanahorias, rocía con zumo de limón y remueve hasta que se mezclen. Servir enseguida.

Tofu chino y brócoli

Porciones: 4

Tiempo de preparación: 10 minutos

Tiempo de cocción: 20 minutos

Ingredientes:

3 tazas de ramilletes de brócoli

14 onzas de tofu, firme, prensado, cortado en cubos de ½ pulgada

1 cucharadita de ajo picado

1 cucharadita de jengibre rallado

1 cucharada de almidón de maíz

2 cucharadas de jarabe de agave

1 cucharada de vinagre de arroz

1 cucharadita de aceite de oliva

¼ de taza de salsa de soja

1 ½ cucharaditas de aceite de sésamo, divididas

1 cucharada de agua

3 cucharadas de caldo de verduras

1 cucharadita de semillas de sésamo tostadas y más para servir

4 cucharadas de cebollas cortadas en rodajas

2 tazas de arroz blanco cocido

Direcciones:

Tome una sartén grande, póngala a fuego medio-alto, añada aceite de oliva y 1 cucharadita de aceite de sésamo, y cuando esté caliente, añada los trozos de tofu y cocínelos durante 4 minutos por cada lado hasta que se doren.

Cuando esté hecho, transfiera los trozos de tofu a un plato, añada los ramilletes de brócoli a la sartén, vierta el caldo, cambie el fuego a nivel medio-bajo y cocine durante 5 minutos hasta que el brócoli se haya cocido al vapor, cubriendo la sartén.

A continuación, cambie el fuego a nivel medio-alto, añada el jengibre, el ajo y el resto del aceite de sésamo y cocine durante 1 minuto.

Mezcle la maicena y el agua hasta que esté suave, añada a la sartén junto con las semillas de sésamo, el vinagre, el jarabe de agave y la salsa de soja, remueva hasta que se mezclen y cocine durante 2 minutos hasta que la salsa haya espesado.

Vuelva a colocar los trozos de tofu en la sartén, mézclelos hasta que estén bien cubiertos con la salsa y luego retire la sartén del fuego. Distribuya el arroz cocido en tazones, cubra con el tofu y el brócoli, espolvoree con la cebolleta y las semillas de sésamo y sirva.

Tempeh de mantequilla de cacahuete con arroz

Porciones: 4

Tiempo de preparación: 3 horas y 10 minutos

Tiempo de cocción: 30 minutos

Ingredientes:

6,5 onzas de arroz integral cocido

22 onzas de Tempeh, cortado en cubos de 1 pulgada

Aceite de oliva según sea necesario

Para la salsa:

4 cucharaditas de azúcar de coco

2 cucharadas de jengibre rallado

1 cucharada de ajo picado

2 cucharadas de salsa de chile rojo

4 cucharadas de salsa de soja

2 cucharaditas de vinagre de arroz

4 cucharadas de mantequilla de cacahuete

6 cucharadas de agua

Para el repollo:

1 lima, exprimida

5 onzas de col morada, en rodajas

3 cucharaditas de aceite de sésamo

2 cucharaditas de miel

Para la guarnición:

4 cucharadas de cebolla verde picada

Instrucciones: Prepare la salsa y para ello, tome un bol grande, coloque todos sus ingredientes en él y bata hasta que se combinen. Agregue los pedazos de tempeh en la salsa de mantequilla de maní, revuelva hasta que estén bien cubiertos, luego coloque el tazón en el refrigerador y déjelo marinar por un mínimo de 3 horas. Cuando el tempeh esté casi marinado, encienda el horno, ponga la temperatura a 375 grados F y deje que se precaliente. Transfiera los trozos de tempeh marinados a una bandeja para hornear, rocíe con aceite de oliva y luego hornee durante 30 minutos hasta que estén bien dorados y cocidos, dándoles la vuelta a mitad de camino. Mientras tanto, prepare el repollo y para ello, tome un tazón mediano, coloque todos sus ingredientes en él y mezcle hasta que se combinen, deje a un lado hasta que se requiera. Cuando el tempeh se haya horneado, distribuya la col, el arroz y los trozos de tempeh de manera uniforme en tazones, rocíe con la salsa de marinado, adorne con cebollas verdes y luego sirva.

Ensalada de soja y lentejas de Puy

Porciones: 4

Tiempo de preparación: 10 minutos

Tiempo de cocción: 25 minutos

Ingredientes:

Para la ensalada:

8 onzas de floretes de brócoli, picados

1 chile rojo, sin pepitas, cortado en rodajas

8 onzas de lentejas de Puy, sin cocer

5 onzas de guisantes de azúcar

5 onzas de soja congelada, descongelada

4 ¼ tazas de caldo de verduras, caliente

Para el aderezo:

Un trozo de jengibre de 2,5 cm, rallado

½ cucharadita de ajo picado

1 limón, exprimido

1 cucharada de miel

3 cucharadas de salsa de soja

2 cucharadas de aceite de sésamo

Direcciones:

Tome una olla grande, colóquela a fuego medio-alto, vierta el caldo, llévelo a ebullición, luego agregue las lentejas y cocine durante 15 minutos hasta que estén tiernas.

Escurrir las lentejas cocidas, pasarlas a un bol grande y reservarlas hasta que se necesiten.

Escurre la olla, llénala de agua hasta la mitad, llévala a ebullición y añade los ramilletes de brócoli y cuécelos durante 1 minuto.

Añadir las habas de soja y los guisantes, continuar la cocción durante 1 minuto, luego escurrir estas verduras, enjuagarlas bajo el agua fría y transferirlas al bol que contiene las lentejas.

Prepara el aderezo y para ello, toma un tazón pequeño, coloca todos sus ingredientes en él y bate hasta que se combinen.

Vierta el aderezo sobre la mezcla de lentejas y verduras, añada el chile rojo y remueva hasta que esté bien mezclado.

Servir directamente.

Salteado de tofu y verduras con anacardos

Porciones: 4

Tiempo de preparación: 5 minutos

Tiempo de cocción: 8 minutos

Ingredientes:

5 onzas de soja

1 manojo de cebollas tiernas, cortadas en rodajas

2 cabezas de bok choi, cortadas en cuartos, 1 cabeza de brócoli, cortada en ramilletes

10 onzas de trozos de tofu marinado, 1 chile rojo sin semillas, cortado en rodajas

2 cucharaditas de ajo picado, 1 cucharada de salsa de soja

1 ½ cucharada de salsa hoisin, 1 cucharada de aceite de oliva

1 ½ cucharada de anacardos tostados

Instrucciones: Tome una sartén grande, póngala a fuego alto, añada aceite y cuando esté caliente, añada los ramilletes de brócoli y cocínelos durante 5 minutos hasta que estén tiernos. Incorpore el chile rojo y el ajo, continúe cocinando durante 1 minuto, añada las habas de soja, las cebolletas, el tofu y el bok choi, y saltee durante 3 minutos. Rociar con la salsa de soja y la salsa hoisin, espolvorear con las nueces, cocinar durante 1 minuto hasta que esté caliente y servir.

Tofu con costra de especias y ensalada

Raciones: 2

Tiempo de preparación: 10 minutos

Tiempo de cocción: 15 minutos

Ingredientes:

Para el Tofu:

8 onzas de tofu, firme, prensado, cortado en cubos de 1 pulgada

4 onzas de guisantes de azúcar

3 kumquats, en rodajas

4 rábanos, cortados en rodajas

8 onzas de flores de brócoli

2 cebolletas picadas

1 cucharada de mezcla de especias japonesas

2 cucharadas de semillas de sésamo

½ cucharada de harina de maíz

1 cucharada de aceite de sésamo

1 cucharada de aceite de oliva

Para el aderezo:

1 chalota pequeña, cortada en dados

1 cucharadita de jengibre rallado

1 cucharada de zumo de lima

1 cucharadita de azúcar en polvo

2 cucharadas de salsa de soja

1 cucharada de zumo de pomelo

Instrucciones: Prepare el aderezo y para ello, tome un tazón pequeño, coloque todos sus ingredientes en él y luego revuelva hasta que estén bien combinados. Prepare el tofu y para ello, tome un bol pequeño, añada la harina de maíz, añada la mezcla de especias japonesas y las semillas de sésamo, y luego espolvoree esta mezcla por todos los lados de los trozos de tofu hasta que queden uniformemente cubiertos. Coge una olla grande, llénala de agua hasta la mitad, ponla a fuego alto, llévala a ebullición, luego cambia el fuego a nivel medio, añade los guisantes y el brócoli y hiérvelos durante 3 minutos hasta que estén tiernos y crujientes. Mientras el agua hierve, coge una sartén grande, ponla a fuego medio, añade el aceite y cuando esté caliente, añade los trozos de tofu y cocina durante 5 minutos hasta que estén bien dorados. Cuando las verduras se hayan cocinado al nivel deseado, distribúyelas uniformemente en dos cuencos, pon encima el tofu cocido y rocíalo con el aderezo preparado. Cubra con cebolletas, rábanos y kumquats y sirva.

Germinados con judías verdes y nueces

Porciones: 4

Tiempo de preparación: 5 minutos

Tiempo de cocción: 12 minutos

Ingredientes:

21 onzas de coles de Bruselas, cortadas en cuartos

21 onzas de judías verdes

4 cucharadas de piñones tostados

1 limón, exprimido y sin cáscara

1 cucharada de aceite de oliva

Direcciones:

Tome una olla grande, llénela hasta la mitad con agua, póngala a fuego alto, llévela a ebullición, luego cambie el fuego a nivel medio, añada las judías y los brotes, y hiérvalos durante 3 minutos hasta que estén tiernos y crujientes y cuando estén hechos, escurra las judías y los brotes. Coge una sartén grande, ponla a fuego medio, añade el aceite y cuando esté caliente, añade las nueces y la ralladura de limón y cocina durante 30 segundos. A continuación, añada los brotes y las judías verdes, saltéelos durante 4 minutos, luego sazone con pimienta negra y sal y rocíe con zumo de limón. Retirar la sartén del fuego y servir.

Tofu con fideos

Raciones: 2

Tiempo de preparación: 25 minutos

Tiempo de cocción: 25 minutos

Ingredientes:

8 onzas de tofu, firme, prensado, en cubos de 1 pulgada

6 onzas de fideos soba secos, cocidos

½ de un pepino grande

¼ de cucharadita de sal

2 cucharadas de azúcar en polvo

2 cucharadas de semillas de sésamo

4 cucharadas de pasta de miso blanco

½ taza de vinagre de vino de arroz

2 cucharadas de jarabe de arce

½ taza de aceite de oliva

¼ de taza de agua

2 cebollas tiernas ralladas

Direcciones:

Prepara los fideos, y para ello, utiliza un pelador de verduras para cortar cintas del pepino y colócalas en un bol.

Coge una cacerola pequeña, ponla a fuego medio, añade el azúcar, la sal, el vinagre y el agua, remueve hasta que se combinen y cocina durante 5 minutos hasta que el azúcar se haya disuelto.

Vierta esta mezcla sobre las cintas de pepino y, a continuación, coloque el bol en el frigorífico y déjelo en escabeche.

Prepare el tofu y para ello, tome una sartén grande, añada 1 cucharada de aceite y cuando esté caliente, añada los trozos de tofu y cocínelos de 7 a 10 minutos hasta que estén bien dorados por todos los lados. Cuando estén hechos, transfiera los trozos de tofu a un plato forrado con papel de cocina y reserve hasta que los necesite. Tome un tazón pequeño, añada la miel y la pasta de miso, bata hasta que se combinen y luego aplique esta mezcla a los trozos de tofu hasta que se cubran uniformemente. Cuando las cintas de pepino se hayan encurtido, escúrralas y luego enjuáguelas bien bajo el agua fría. Vuelva a poner la sartén a fuego medio y, cuando esté caliente, añada el aceite restante, las cintas de pepino, el resto de la mezcla de miel y miso y 1 cucharada del líquido de encurtido del pepino, y continúe la cocción durante 3 minutos hasta que esté caliente. Cuando esté hecho, repartir los fideos de soba entre los cuencos, luego cubrir uniformemente con el tofu y las cintas de pepino, espolvorear con cebollas verdes y servir.

Salteado de judías negras y seitán

Porciones: 4

Tiempo de preparación: 15 minutos

Tiempo de cocción: 25 minutos

Ingredientes:

Para la salsa:

1 chile rojo picado

12 onzas de frijoles negros cocidos

1 cucharada de ajo picado

1 cucharadita de polvo de cinco especias chinas

2,5 onzas de azúcar moreno

2 cucharadas de vinagre de arroz

2 cucharadas de salsa de soja

1 cucharada de mantequilla de cacahuete

¼ de taza de agua

Para el salteado:

12 onzas de trozos de seitán marinado

2 cebolletas, cortadas en rodajas

10 onzas de bok choi, picado

1 pimiento rojo en rodajas

1 cucharada de harina de maíz

3 cucharadas de aceite de oliva

2 tazas de arroz integral cocido

Direcciones:

Prepare la salsa, y para ello, coloque la mitad de los frijoles negros en un procesador de alimentos, luego agregue los ingredientes restantes y pulse durante 2 minutos hasta que esté suave.

Vierta la salsa en una cacerola mediana, póngala a fuego medio, cocínela durante 5 minutos hasta que espese y resérvela hasta que la necesite.

Escurrir el seitán marinado, secar los trozos de seitán con un paño de cocina, pasar el seitán por harina de maíz y reservar hasta que se necesite.

Tome una sartén grande, póngala a fuego alto, añada 1 cucharadita de aceite y cuando esté caliente, añada los trozos de seitán y fríalos durante 5 minutos hasta que los bordes se hayan dorado.

Cuando esté hecho, pasar los trozos de seitán a un plato y reservar hasta que se necesite.

Añadir 1 cucharadita de aceite en la sartén, añadir las chalotas, cocinar durante 4 minutos hasta que se ablanden, luego añadir el pimiento rojo, la cebolleta, el bok choi y el resto de las judías negras, remover hasta que se mezclen y cocinar durante 4 minutos.

Vuelva a poner los trozos de seitán en la sartén, vierta la salsa preparada, mezcle y cocine durante 1 minuto hasta que esté caliente.

Sirve el seitán y las verduras sobre arroz integral.

Conclusión:

"Las últimas sugerencias explican no exactamente el número de gramos de proteína que se debe comer, sino además cómo se baten esos gramos a lo largo del día", dice Pojednic.

"Los investigadores piensan ahora que sólo hay una medida específica de proteínas que tus músculos pueden absorber y utilizar en una sola sesión. Si inundas tu estructura con aminoácidos, tarde o temprano se desperdician un poco".

Pretende obtener entre 0,25 y 0,4 gramos de proteína por kilo de peso corporal por banquete. O por otro lado, para ponerlo mucho menos difícil, espaciar su proteína más de 3 o 4 cenas al día, no sólo al mismo tiempo en un batido uber.

El otro consejo patrocinado por la ciencia es para asegurarse de que usted está comiendo 20-30 gramos de proteína dentro de 30 minutos (mientras que una hora es presumiblemente bien) de la Preparación. "La ciencia es algo más confusa para comer antes y durante la preparación. Pojednic dice que ir con su inclinación, y la cantidad de alimento que necesita en su tracto relacionado con el estómago mientras que usted está haciendo sentadillas abrumadora. Sobrecargar su marco G.I. es especialmente simple para los amantes de las verduras, cuyos alimentos contienen una gran cantidad de fibra. Usted puede obtener un vientre palpitante de comer una porción de verduras mixtas antes de la preparación, sobre la base de que toda la sangre es "desviado" de sus órganos relacionados con el estómago para, estado, sus cuádriceps. En el caso de que prefiera no comer antes de la preparación, pero necesita asegurarse de que tiene suficiente azúcar en su marco para capitalizar su ejercicio, Pojednic sugiere jugo de productos orgánicos.

Sea como fuere, lo más urgente de coger músculo no tiene nada que ver con ser amante de las verduras.

No está relacionado con la obtención de suficientes aminoácidos. Hay que comer suficientes calorías para aumentar la masa, y hay que entrenar duro. Farris, que se pasó a la dieta vegetal en noviembre de 2014 (entre apariciones en los Juegos Olímpicos), es un competidor de talla mundial que resulta ser amante de las verduras, y no sigue sus proteínas ni mucho menos. Con todo, tuvo la opción de "hacer algunas adiciones y, lo más crítico, seguir siendo sólido". Dice que una dieta vegetariana le ha permitido recuperarse más rápidamente. "Si puedes hacer eso, puedes lograr más trabajo. Puedes machacar más tu cuerpo. Esencialmente, simplemente entrenar".

(Es importante que la pieza de la explicación Farris no tenía ningún segundo pensamientos sobre el cambio de su rutina de alimentación, mientras que en un alto propósito de su profesión fue sobre la base de que él pasó sus años de elevación de primera (19-22) recogiendo la calidad sin acceso sólido a cualquier tipo de alimento en absoluto. "En el caso de que pudiera levantar y hacer todo cuando no me acercaba a las cenas habituales, ¿cómo iba a ser más frágil comiendo suficiente alimento sin embargo cambiando las fijaciones?")

"Un problema importante para los vegetarianos es que pueden, sin mucho esfuerzo, comer de menos", dice Zinchenko. "Especialmente los individuos dinámicos que comen una gran cantidad de alimentos enteros. Sin calorías, su cuerpo no puede hacer músculo".

"La principal preocupación es la preparación del peso de alto volumen y la obtención de suplementos satisfactorios", dice David. "Eso es todo. No hay formas alternativas. Cuanto más duro lo golpees, cuanto más lo alimentes, más se desarrollará". (Acepto que estábamos hablando de culos ahora en la discusión).

"Está claro que la dieta te va a dar ese pequeño empujón hacia el final, sin embargo la Preparación y el compromiso es realmente lo que va a emitir a largo plazo para los competidores de nivel significativo", dice Polojic.

Por cierto, y por si sirve de algo, necesitamos penosamente más investigaciones sobre los amantes de las verduras. "De hecho, incluso las investigaciones que analizan los polvos de proteína de los amantes de las verduras no se hacen en los vegetarianos", dice Zinchenko. "En el caso de que haya alguien que quiera dar dinero para contemplar el desarrollo muscular de los amantes de las verduras, estaría encantado de dirigir la investigación".

La generalización de la impotente, amante del veggie delgada se ha convertido en todo lo que la gran mayoría haría algunos recuerdos difíciles de aceptar cualquier individuo de tamaño notable o la calidad no comía carne u otros artículos criatura. Esto se debe a que hemos sido adaptados para aceptar que hay que comer racimos de proteína de criatura para ensamblar el músculo y la calidad, y que la proteína extremadamente sólo se origina en los alimentos de criatura.

Obviamente, sólo una de esas dos convicciones es en realidad válida, como puede derivar sin mucho esfuerzo cualquier persona que haya observado alguna vez un gorila (herbívoro) de espalda plateada.

La gran mayoría, no obstante, asume que los atletas son progresivamente similares a los leones, requiriendo carne o algún tipo de proteína de criatura en cada cena para conseguir grandes y sólidos. Como se habla en ¿Qué pasa con la proteína? hay numerosos propósitos detrás de cómo esta fantasía resultó ser tan impregnada en la sociedad dominante, sin embargo, en realidad de la cultura flower child de los años 60 hasta decentemente en los últimos tiempos, una gran cantidad de las personas que siguieron un régimen de alimentación a base de plantas eran realmente delgada. Esto es un medio a la luz del hecho de que, durante mucho tiempo, una gran cantidad de atletas que eligió carne / criatura libre de regímenes de alimentación lo hizo exclusivamente por razones morales, ecológicas o de bienestar, y por lo general no piensan en tener grandes músculos. Además, las personas que se preocuparon con frecuencia no tenían la comprensión saludable fundamental importante para montar el músculo y la calidad de las plantas de alimentación.

Como se confirma en The Game Changers, todo eso ha cambiado. La era de los vegetarianos frágiles y que machacan el apio ha terminado. De hecho, incluso

Arnold Schwarzenegger - el padre de respaldo de los músculos y la calidad - es actualmente alentar a las personas a "simplemente enfriar con la carne", reconociendo que no hay ninguna motivación detrás de por qué comer un régimen de alimentación a base de plantas debe representar ningún límite para conseguir enorme y sólido, y que al hacerlo puede ofrecer mucho algunos puntos focales dignos de mención.

La construcción de músculo y la calidad es, en realidad, bastante básico desde una perspectiva fisiológica: salir de forma fiable y comer montones de alimentos. En la posibilidad de que usted entrena duro, pero no comer lo suficiente - o comer un montón de alimentos, pero no se preparan lo suficiente - lo más probable es que no va a aumentar una gran cantidad de músculo o conseguir mucho más conectado a tierra. Esto se aplica a todo el mundo, independientemente de si usted come carne o no.

Para los levantadores aficionados, comer "racimos de alimentos" significa devorar un 10-20% más de calorías que las necesarias para el mantenimiento diario, y para los levantadores más desarrollados, un 5-10% progresivamente.

Un aspecto increíble con respecto a la alimentación a base de plantas es que, por volumen, normalmente contiene menos calorías que las fuentes de alimentos a base de criaturas, lo que nos permite comer cada vez más toda la alimentación y sentirse más lleno, sin aumentar esencialmente más músculo frente a la grasa. Usted puede descubrir cada vez más acerca de que en Conseguir y Mantener Lean. Para las personas cuya necesidad superior es para recoger el músculo y la calidad, las personas en una planta de poner juntos régimen de alimentación necesidad de centrarse con respecto a los alimentos a base de plantas que tienen mayor espesor calórico que el estado, la lechuga. Como regla general, esto implica asegurar que las cenas y bocados incorporan medidas pesadas de granos, frijoles, tofu y tempeh, opciones de carne y productos lácteos, nueces y nueces para untar, semillas, aguacates, productos naturales secos, y así sucesivamente, a pesar de los alimentos de hoja. Aquellos menos preocupados por comer alimentos esencialmente enteros pueden igualmente incorporar carnes a base de plantas, polvos de proteína a base de plantas, barras de proteína/vitalidad a base de plantas - lo que sea necesario para conseguir golpear el exceso calórico fundamental.